Filosofia econômica

FUNDAÇÃO EDITORA DA UNESP

PRESIDENTE DO CONSELHO CURADOR
Mário Sérgio Vasconcelos

DIRETOR-PRESIDENTE
Jézio Hernani Bomfim Gutierre

SUPERINTENDENTE ADMINISTRATIVO E FINANCEIRO
William de Souza Agostinho

CONSELHO EDITORIAL
Danilo Rothberg
Luis Fernando Ayerbe
Marcelo Takeshi Yamashita
Maria Cristina Pereira Lima
Milton Terumitsu Sogabe
Newton La Scala Júnior
Pedro Angelo Pagni
Renata Junqueira de Souza
Sandra Aparecida Ferreira
Valéria dos Santos Guimarães

EDITORES-ADJUNTOS
Anderson Nobara
Leandro Rodrigues

JOAN ROBINSON
Filosofia econômica

PREFÁCIO Sheila Dow
TRADUÇÃO Luiz Antonio Oliveira de Araújo

© 2022 Editora Unesp

Direitos de publicação reservados à:

Fundação Editora da Unesp (FEU)
Praça da Sé, 108
01001-900 – São Paulo – SP
Tel.: (0xx11) 3242-7171
Fax: (0xx11) 3242-7172
www.editoraunesp.com.br
www.livrariaunesp.com.br
atendimento.editora@unesp.br

Dados Internacionais de Catalogação na Publicação (CIP) de acordo com ISBD
Elaborado por Odilio Hilario Moreira Junior – CRB-8/9949

R658f	Robinson, Joan
	Filosofia econômica / Joan Robinson; traduzido por Luiz Antonio Oliveira de Araújo. – São Paulo : Editora Unesp, 2022.
	Inclui bibliografia.
	ISBN: 978-65-5711-131-4
	1. Economia. 2. Economia – Aspectos filosóficos. I. Pereira, Luiz. II. Título.

2022-812	CDD 330
	CDU 33

Índice para catálogo sistemático:

1. Economia 330
2. Economia 33

Editora afiliada:

Asociación de Editoriales Universitarias de América Latina y el Caribe

Associação Brasileira de Editoras Universitárias

Sumário

Prefácio, *Sheila Dow* — 7

1 Metafísica, moral e ciência — 19
2 Os clássicos: valor — 51
3 Os neoclássicos: utilidade — 77
4 A revolução keynesiana — 109
5 Desenvolvimento e subdesenvolvimento — 141
6 Quais são as regras do jogo? — 173

Índice remissivo — 203

Prefácio

SHEILA DOW

FILOSOFIA ECONÔMICA DE JOAN ROBINSON foi recebido com entusiasmo, nos anos 1960, por todos aqueles que procuravam uma alternativa à ortodoxia econômica de então e ao seu apoio ao *status quo* favorável ao mercado. O volume original foi lançado em um período de muita controvérsia na economia (e na sociedade em geral). Esta nova edição deveria ser recebida com igual entusiasmo hoje em dia, já que a abordagem ortodoxa ainda prevalece e os problemas econômicos reais que os economistas enfrentam estão se tornando cada vez mais urgentes. Era um tema recorrente para Joan Robinson o fato de a economia ortodoxa não dar atenção às questões que ela considerava as mais importantes.

Este livro identifica a ideologia como a fonte de tais questões. Joan Robinson era explícita no tocante ao seu próprio foco ideológico – quanto ao emprego e à renda, seu crescimento e distribuição e os processos que os geram. Mas não esperava menos dos outros economistas. Aqui ela se concentra na deturpação central por parte da ortodoxia, a de que a economia é uma disciplina positiva, separada do juízo moral. Pelo contrário, ela argumenta que a economia é inevitavelmente ideológica. Não significa apenas que a economia tem consequências que podem ser julgadas por padrões morais, mas também que a própria forma e estrutura de qualquer abordagem da teoria econômica pressupõem determinada postura moral. A ideologia induz a nossa compreensão do mundo real e o modo como dele construímos conhecimento, assim como aquilo que motiva as nossas investigações. Desde que se reconheça tal coisa, pode-se trazer à tona o conteúdo da ideologia, explorá-lo e debatê-lo. Então, o consequente aumento da clareza há de limitar até que ponto o debate seguirá com objetivos contrários.

Pelo menos, a argumentação de Joan Robinson acerca da ideologia da economia ganhou força com o aumento das reivindicações apresentadas à ciência pela economia convencional em relação às abordagens alternativas. Ela própria enfrentou muitas vezes a rejeição ao seu trabalho por ser considerado ideológico, como se a economia ortodoxa não o fosse. A importância de sua argumentação também aumentou à medida que desenvolvimentos tumultuosos na saúde, no meio ambiente, nas finanças e na economia provocaram desafios em bases explicitamente morais às posturas tradicionais favoráveis ao mercado. Joan Robinson afirmava com veemência que a alegação ortodoxa, segundo a qual as forças do mercado asseguram que os agentes da otimização, perseguindo interesses próprios, geram o melhor resultado para a sociedade, é ideológica. Mesmo ali, onde a economia convencional aborda os problemas correntes em termos de desvios daquele modelo, o foco incessante no equilíbrio e na alocação conforme a utilidade marginal e os retornos marginais a fatores é o que ela classificava como ideológico.

São abundantíssimas as inovadoras contribuições teóricas de Joan Robinson oriundas da crítica da teoria ortodoxa.[1]

Segundo Pasinetti (2018, p.11.766), ela foi "a maior laureada com o Prêmio Nobel que nunca chegou a sê-lo". Provavelmente, é mais conhecida no conjunto da economia devido à publicação, em 1933, do seu pioneiro *A economia da concorrência imperfeita*. Mas não tardou a se afastar dessa obra para focalizar a análise dos processos econômicos no tempo histórico, não o equilíbrio. Tendo assim desempenhado um papel-chave na revolução da competição imperfeita, também passou a desempenhar um papel-chave na revolução keynesiana e na crítica da teoria marginal do capital (particularmente no livro *A acumulação do capital*, de 1956), consolidando sua posição como uma das mais influentes economistas heterodoxas do século xx (Pasinetti, 2018; Marcuzzo, 2003).

Joan Robinson foi uma figura central no desenvolvimento e na propagação da economia pós-keynesiana[2] e continua sendo uma inspiração para os economistas radicais em geral. Também foi uma figura exponencial em Cambridge (Reino Unido) numa época em que as ideias econômicas estavam em estado de fermentação. Tendo anteriormente estudado em Cambridge, ela conheceu Keynes em 1928 e veio a ser membro do "Circo" de Cambridge, contribuindo

---

1 Cf., particularmente, os relatos oficiais oferecidos por Harcourt e Kerr (2009), Pasinetti (2018). Pode-se encontrar uma lista completa das publicações de Joan Robinson em Marcuzzo (2002).

2 Sua palestra Richard T. Ely para a Associação Econômica Americana (Robinson, 1972) foi um evento particularmente estimulante para o pós-keynesianismo.

para o forjamento de *A teoria geral do emprego, do juro e da moeda*. Trabalhou arduamente para promover as ideias de Keynes e o desafio que representavam para a ortodoxia prevalecente. A seguir, sob a influência direta de Kalecki e Sraffa e a indireta de Marx, desenvolveu o princípio keynesiano da demanda para aplicação no longo prazo, na mudança técnica, na economia do desenvolvimento e na economia internacional, mas acabou abandonando o projeto no longo prazo, preferindo um foco mais parecido com o de Keynes, no curto prazo e, assim, nas expectativas e na incerteza.

Joan Robinson persistiu na tentativa de persuadir os economistas ortodoxos dos méritos de seus argumentos a favor de uma mudança radical de abordagem teórica, distanciando-se da estática comparativa e do equilíbrio e rumo a um foco no processo no tempo histórico. Esses esforços (e, sem dúvida, a sua própria "luta para escapar") incentivaram o interesse permanente pela metodologia. A base das crenças dos economistas foi tema de uma série de publicações ao longo dos anos,[3] mas é provável que *Filosofia econômica* tenha sido a mais influente delas. Seu foco provinha da compreensão da economia como "em parte, um veículo da ideologia dominante de cada período, assim como, em parte, um método de investigação científica" (p.20).

Em *Filosofia econômica*, Joan Robinson explica a natureza circular da ideologia, destacando ao mesmo tempo seu papel central na teoria, na metodologia e ainda mais na prática. Assim, por exemplo, uma afirmação ideológica como "todas as pessoas são iguais" pode ter uma infinidade de significados e, por isso, é irrefutável.

---

3 Ver, por exemplo, Robinson (2002).

No entanto, tem grande substância como um guia para a pesquisa e para a política de acordo com este ou aquele significado. Assim, por exemplo, o modo como se compreende uma afirmação em relação com um entendimento da natureza humana determina não apenas a direção da pesquisa, mas também a metodologia empregada.

Grande parte do livro ilustra o papel da ideologia na economia em relação a conceitos-chave para diversos corpos de teoria. Em cada caso, a gama de significados e importâncias atribuída a esses conceitos ideológicos é para conduzir a teoria em direções bem diferentes. As áreas particulares cobertas nos capítulos 2 a 6 refletem e fazem uso da amplitude de suas próprias contribuições de pesquisa: economia clássica, economia neoclássica, a revolução keynesiana, desenvolvimento e subdesenvolvimento e as "regras do jogo", respectivamente. Por exemplo, no capítulo 2, Joan Robinson enfocou o conceito metafísico de "valor" tal como foi interpretado e aplicado na economia clássica. Adiante, no capítulo 3, explorou a circularidade do conceito neoclássico de utilidade como uma "Coisa Boa". "*Utilidade* é um conceito metafísico de circularidade inexpugnável; *utilidade* é a qualidade das mercadorias que faz com que os indivíduos queiram comprá-las, e o fato de os indivíduos quererem comprar mercadorias mostra que elas têm *utilidade*." (p.77)

Cada um desses capítulos é um discurso rico e inovador sobre tópicos importantes em si. Todos eles demonstram o valor de trazer a ideologia à superfície. Arrimam-se, pois, no capítulo central de *Filosofia econômica* (capítulo 1, "Metafísica, moral e ciência"), no qual agora nos concentramos. Aqui Joan Robinson apresenta o seu argumento mais forte e minucioso sobre a onipresença da ideologia na economia. Explica que a ideologia se baseia em princípios morais aprendidos mais como convenções do que como razão pura, sendo, portanto, historicamente contingente. Valendo-se da *Teoria dos sentimentos morais* de Smith, esclarece que o papel da consciência, fundado na ideologia, como o mecanismo pelo qual as "regras do jogo" dos sistemas sociais são aplicadas. Mas a consciência não pode ser explicada pela razão pura aplicada ao interesse próprio. Por conseguinte, a escolha, que é a pedra angular da teoria ortodoxa, é ela mesma ideológica e envolve o ato de deliberar com a consciência.[4]

No concernente à investigação científica, a razão pura, combinada com a testagem, tampouco foi suficiente para estabelecer a verdade. Joan Robinson se deixou atrair pelo falseacionismo de Karl Popper como um meio de avaliação da teoria. Mas concluiu que, na verdade, não havia escopo nem para contas definitivas, nem para prova definitiva, não só por causa do limitado escopo para experimentos, mas também pela influência da ideologia sobre a própria raiz da economia. Não se podia contar com a teoria para gerar hipóteses refutáveis. Dito isso, ela argumentou que havia mais escopo para hipóteses refutáveis na economia keynesiana, já que ela se ocupava de processos reais em tempo histórico. De modo que, para avaliar a teoria, a confiança tinha de participar do julgamento; mas não havia como escapar ao efeito prejudicial da ideologia sobre o julgamento. Embora contestasse a conclusão de Myrdal, segundo a qual todos os fatos estão carregados de teoria, ela deu ênfase à construção que o economista põe na realidade; essa construção é parte

---

4 Agradeço a Peter Earl os intercâmbios acerca desse e de outros pontos relacionados.

integrante da ideologia. Joan Robinson reconhece a semelhança com os conceitos de Kuhn de paradigma e revolução científica, que também chamavam muito a atenção na década de 1960.

Essa posição metodológica convida inevitavelmente à acusação de relativismo. Essa é uma acusação contundente na perspectiva da teoria ortodoxa, que é concebida para fornecer respostas definitivas. No entanto, isso decorre do argumento segundo o qual a teoria e a compreensão dos fatos estão imbuídas de uma ou outra ideologia. Joan Robinson sabia perfeitamente que esse argumento tem o propósito de promover o debate sério, não de sufocá-lo. Ela alertou contra lidar com as diferenças de opinião, evitando mencioná-las por excesso de polidez, e ficou decepcionada ao receber justamente essa reação ao seu esforço para desafiar a ortodoxia. Em 1962, pois, Joan Robinson já tinha lidado com a (ainda recorrente) argumentação contra o pluralismo. Trazer as diferenças ideológicas à superfície era o caminho para um debate mais eficaz. E ninguém podia acusá-la de evitar se envolver no debate.

Perto do fim da vida, Joan Robinson estava tremendamente desanimada com o modesto avanço dos fundamentados argumentos pós-keynesianos. Os economistas ortodoxos se recusavam a se envolver com as suas críticas fundamentais, ocupando-se unicamente dos quebra-cabeças que tinham sentido na estrutura ortodoxa.[5] A ortodoxia ainda não tinha abordado e muito

---

5 Isso se aplicava mais claramente à questão da "mudança" nos debates da teoria do capital nas décadas de 1960 e 1970 (cf. Zamagni, 1996). Entretanto, Harcourt (1996, p. 332-3) argumenta que muitos daqueles a quem Joan Robinson mais atacou na verdade simpatizavam (até certo ponto) com os seus argumentos metodológicos.

menos mostrado interesse pelo ponto crítico de *Filosofia econômica*, segundo o qual o debate só progride se se trouxer a ideologia à tona. Mas descartar esse ponto parece ter sido conveniente à ortodoxia para exercer seu poder ideológico. Para quem procurava a verdade com tanta determinação, isso só podia ser desalentador

Não faltam comentários a respeito da metodologia de Joan Robinson (ver por exemplo Harcourt, 1996; Salant, 1996; Marcuzzo, 2019). Às vezes, ela parecia acreditar que valia a pena remover a ideologia da economia a fim de possibilitar que as diferenças de opinião fossem resolvidas pela razão pura. Todavia, isso contradiz o argumento segundo o qual a ideologia está embutida em nossa compreensão do mundo real, em como escolhemos erigir conhecimento sobre ela e em como exercemos o julgamento. Decerto, ela parecia sentir atração pela proposta de Popper de eliminar as teorias comprovadamente falsas, ao mesmo tempo que enxergava as limitações dessa abordagem. Sua luta era para encontrar um modo de se envolver no debate construtivo do paradigma cruzado. Mas esse é um problema antigo:

> [A] verdadeira dificuldade metodológica que Joan Robinson encontra reiteradamente nos seus desvios metodológicos não é senão um dos mais importantes problemas epistemológicos não resolvidos (e provavelmente irresolúveis), ou seja, a explicação de como o conhecimento científico objetivo e progressivo sempre pode surgir do esforço subjetivo e falível dos cientistas. (Salanti, 1966, p.302)

Mas o pensamento continuou avançando. Obras subsequentes sobre a epistemologia revelaram a diferença entre razão no sentido dedutivista usado pela economia dominante e no sentido da "lógica humana" de Keynes.[6] Por essa perspectiva, isso faz mais sentido que nas ocasiões em que Joan Robinson propôs eliminar a ideologia da razão no sentido de lógica humana (isto é, de forma alguma absoluta). Além disso, o pensamento sobre o pluralismo progrediu como um programa construtivo para lidar com as mais diversas abordagens da economia, inclusive com seus fundamentos ideológicos, evitando a dualidade absolutismo/relativismo. Nesse ínterim, a abordagem realista crítica assegurou um renovado foco nos processos reais e a obrigação dos economistas de explicitar a sua ontologia. Desse modo, construiu-se uma nova base para levar adiante a agenda de Joan Robinson.

Dado o impulso de Joan Robinson de buscar a verdade, impulso esse nascido de forte propósito moral, o argumento fundamentado era essencial – tanto mais em virtude da impossibilidade de demonstrar a verdade para a satisfação de todos. A frustração que passou a manifestar no fim da vida é compreensível. Ela mesma se valeu da psicologia de *Filosofia econômica* para compreender a ideologia, e talvez possamos captar melhor sua abordagem da ideologia refletindo sobre sua própria formação e personalidade. Joan Robinson era de uma família inglesa da classe média alta que produzira rebeldes notáveis. Por exemplo, seu pai, o major-general *sir* Frederick Barton Maurice, encerrou publicamente sua carreira militar por uma questão de princípio. Ela seguiu os passos da família aplicando integridade intelectual e coragem a uma busca inabalável da verdade. Como o expressa Waterman (2003, p.595): "ela

---

6 É uma fonte permanente de pesar Keynes não ter feito sua epistemologia e suas implicações para a metodologia mais explícitas à medida que ele desenvolvia a sua economia.

era, talvez, a última personificação" da "grande tradição de Cambridge da crítica social da alta classe média". Dispunha-se a criticar os "grandes" e os colegas economistas heterodoxos tanto quanto os economistas ortodoxos, e a admitir sua própria falta de compreensão sempre que achasse merecido. Seu intelecto formidável e sua personalidade forte tornavam-na intimidante. Contudo, sua generosidade e falta de arrogância (tendo "muita modéstia") tornavam-na uma colega e companheira cativante.[7]

É um privilégio ter a oportunidade de apresentar este livro notável a um novo leitor. Bom proveito.

REFERÊNCIAS

FULLBROOK, E. Interview. In: MEARMAN, A.; BERGER, S.; GUIZZO, D. (Org.). *What is Heterodox Economics? Conversations with Leading Economists*. Londres: Routledge, 2019. p.252-61.

HARCOURT, G. C. Some reflections on Joan Robinson's changes of mind and their relationship to Post Keynes and the economics profession. In: MARCUZZO, M. C.; PASINETTI, L.; RONCAGLIA, A. (Org.). *Economics of Joan Robinson*. Londres: Routledge, 1966. p.331-44.

HARCOURT, G. C.; KERR, P. *Joan Robinson*. Londres: Palgrave Macmillan, 2009.

KEYNES, J. M. *The General Theory of Employment, Interest and Money*. Londres: Macmillan, 1936.

MARCUZZO, M. C. The Writings of Joan Robinson. In: MARCUZZO, M. C.; PASINETTI, L. L.; RONCAGLIA, A. (Org.). *The Economics of Joan Robinson*. Londres: Routledge, 1996. p.330-63; versão revisada e atualizada

---

[7] Dois envolventes exemplos de retratos de Joan Robinson, de diferentes perspectivas, são fornecidos por Waterman (2003) e Fullbrook (2019, p.253-5).

na edição de Palgrave Archive de *Joan Robinson, Writings on Economics*, v.1. Londres: Macmillan, 2002. p.xxxii-lxxiii.

MARCUZZO, M. C. Joan Robinson and the three Cambridge revolutions. *Review of Political Economy*, v.15, n.4, p.545-60, 2003.

MARCUZZO, M. C. Joan Robinson the rational rebel. *Institute for New Economic Thinking*, 5 mar. 2019. Disponível em: https://www.ineteconomics.org/perspectives/blog/joan-robinson-the-rational-rebel.

PASINETTI, L. L. R. Joan Violet (1903-1983). In: DURLAUF, S. N.; BLUME, L. E. (Org.). *The New Palgrave Dictionary of Economics*. Londres: Palgrave Macmillan, 2018. p.11755-65.

ROBINSON, J. *Economics is a Serious Subject*: the apologia of an economist to the mathematician, the scientist, and the plain man. Cambridge: W. Heffer & Sons, 1932.

ROBINSON, J. *The Economics of Imperfect Competition*. Londres: Macmillan, 1933.

ROBINSON, J. *The Accumulation of Capital*. Londres: Macmillan, 1956.

ROBINSON, J. *Economic Philosophy*. Londres: Watts & Co., 1962.

ROBINSON, J. *Economics: An Awkward Corner*. Londres: Allen & Unwin, 1966.

ROBINSON, J. *Freedom and Necessity: An Introduction to the Study of Society*. Londres: Allen & Unwin, 1970.

ROBINSON, J. *Economic Heresies: Some Old-Fashioned Questions in Economic Theory*. Londres: Macmillan, 1971.

ROBINSON, J. The Second Crisis of Economic Theory. *American Economic Review*, v.62, n.1-2, p.1-10, 1972.

ROBINSON, J. "What are the Questions?" In: ROBINSON, J. *What are the Questions? and Other Essays*. Armonk, N.Y.: M. E. Sharpe, 1982. p.1-32.

ROBINSON, J. The Theory of Normal Prices and the Reconstruction of Economic Theory. In: FEIWEL, G. R. (Org.). *Issues in Contemporary Macroeconomics and Distribution*. Londres: Macmillan, 1985. p.157-65.

SALANTI, A. Joan Robinson's changing views on method: a tentative appraisal. In: MARCUZZO, M. C.; PASINETTI, L.; RONCAGLIA, A. (Org.). *The Economics of Joan Robinson*. Londres: Routledge, 1996. p.296-311.

SMITH, A. *The Theory of Moral Sentiments*. Glasgow: D. D. Raphael e A. MacFie. Oxford: Clarendon, [1759] 1976.

WATERMAN, A. M. C. Joan Robinson as a teacher. *Review of Political Economy*, v.15, n.4, p.589-96, 2003.

ZAMAGNI, S. Joan Robinson and reswitching: an interpretive note. In: MARCUZZO, M. C.; PASINETTI, L.; RONCAGLIA, A. (Org.). *The Economics of Joan Robinson.* Londres: Routledge, 1996. p.227-32.

1
Metafísica, moral e ciência

UM DOS MOTIVOS PELOS QUAIS A VIDA MODERNA é tão desconfortável reside na circunstância de nos termos tornado inseguros com coisas que costumávamos considerar como certas. Antigamente, as pessoas acreditavam no que acreditavam por acharem que se tratava da verdade ou por suporem que era o que todas as criaturas sensatas pensavam. Porém, desde que Freud nos revelou a nossa propensão à racionalização e Marx mostrou que as nossas ideias procedem de ideologias, começamos a perguntar: Por que eu acredito no que acredito? O fato de fazermos tais perguntas implica que pensamos que há uma verdade a ser encontrada, mas, mesmo que as pudéssemos responder em uma camada, outro extrato ficaria lá atrás: Por que eu acredito no que acredito acerca do que me faz acreditar em tal coisa? Ocorre que nós ficamos em um nevoeiro impenetrável. A verdade já não é verdade. O mal já não é perverso. "Tudo depende do que você quer dizer." Mas isso torna a vida impossível – temos de encontrar um caminho.

"Para trás ou para a frente, a distância é a mesma. Para fora ou para dentro, o caminho é tão estreito." "Quem é você?" "Eu mesmo. Você é capaz de dizer a mesma coisa?" "O que você é?" "A grande encrenca... Gire, dê voltas."[1]

Nós temos de girar e dar voltas para encontrar as raízes das nossas próprias crenças. Na massa geral de noções e sentimentos que compõem uma ideologia, os que dizem respeito à vida econômica têm um papel importantíssimo, e a economia (isto é, a matéria que ensinam nas universidades e nos cursos noturnos e mencionam nos editoriais) sempre foi, em parte, um veículo da ideologia dominante em cada período, assim como, em parte, um método de investigação científica.

1

COMO DISTINGUIR IDEOLOGIA DE CIÊNCIA?

Antes de mais nada, temos de definir o que entendemos por definições. É importante evitar confundir definições lógicas com categorias históricas naturais. Define-se um *ponto* como aquilo que tem uma posição, mas nenhuma magnitude. Evidentemente ninguém nunca observou um ponto. Trata-se de uma abstração lógica. Mas como definir um elefante? Estava certo o homem que disse: não sei definir um elefante, mas reconheço um quando o vejo.

Uma ideologia é muito mais parecida com um elefante do que com um ponto. É uma coisa que existe, que podemos descrever e

---

[1] Ibsen, H. *Peer Gynt*, Ato II, Cena 7.

sobre a qual discutir e debater. Para resolver debates, não convém apelar para uma definição lógica; nós precisamos não de definições, e sim de critérios. O elefante é um caso bem claro, mas tomemos outro exemplo – os tais cisnes de que os lógicos tanto gostam. Se a palavra "cisne" serve para descrever uma ave que tem a característica, entre outras, de ser branca, é preciso dar outro nome às aves pretas da Austrália, mas, se os critérios para ser cisne forem anatômicos e não mencionarem a cor, os cisnes pretos e brancos hão de pertencer à mesma categoria. Toda a discussão tem que ver com a concepção de categorias, não com as criaturas. Elas são o que são, pouco importa como optemos por rotulá-las. Neste caso, quais são os critérios de uma proposição ideológica, em oposição a uma científica? Em primeiro lugar, se uma proposição ideológica for tratada de modo lógico, ela ou se dissolve em um ruído sem sentido, ou acaba sendo um argumento circular. Tomemos a proposição: Todos os homens são iguais. O que ela significa em uma visão lógica? A palavra "igual" se aplica a quantidades. Ora – todos os homens têm o mesmo peso? Ou todos tiram a mesma nota nos testes de inteligência? Ou – para esticar um pouco o significado de quantidade – eu os acho todos igualmente agradáveis? "Igual" sem dizer em que aspecto não passa de um barulho à toa. Neste caso, a igualdade diz respeito apenas à igualdade. Todo homem é igualmente igual.

A marca registrada de uma proposição metafísica é não poder ser testada. Nós não temos como dizer em que aspecto o mundo seria diferente se ela não fosse verdadeira. O mundo seria exatamente o mesmo, a não ser pelo fato de estarmos fazendo diversos barulhos a seu respeito. Nunca se poderá provar que ela está errada, pois isso resultará de cada argumento em sua própria circularidade;

ela se afirma verdadeiro por definição dos seus próprios termos. Pretende dizer algo sobre a vida real, mas não há o que se possa aprender com isso. Adotar o critério do professor Popper[2] para as proposições pertencentes às ciências empíricas, dizer que elas podem ser falsificadas pela evidência, não é uma proposição científica.

Não obstante, as declarações metafísicas não carecem de conteúdo. Expressam um ponto de vista e formulam sentimentos que são um guia de conduta. O *slogan* "Todos os homens são iguais" exprime um protesto contra o privilégio de nascimento. Em uma sociedade igualitária, ninguém pensaria em dizer tal coisa. Ele expressa um padrão moral para a vida privada – que é errado ser esnobe por conta de classe ou cor –, e um programa para a vida política – para criar uma sociedade em que todos tenham os mesmos direitos; para se recusar a aceitar um Estado em que alguns são mais iguais do que os outros.

As proposições metafísicas também ministram uma canteira da qual se podem extrair hipóteses. Elas não pertencem ao reino da ciência e, mesmo assim, são necessárias a ela. Sem elas, nós não saberíamos o que é que queremos saber. Talvez a posição seja diferente nas ciências respeitáveis, mas, no que concerne à investigação dos problemas psicológicos e sociais, a metafísica desempenhou um papel importante, talvez indispensável.

Tomemos o nosso exemplo – o *slogan* "Todos os homens são iguais" fornece um programa de pesquisa. Vamos descobrir se a classe ou a cor se correlaciona com distribuição estatística de habilidades inatas. Não é uma tarefa fácil, pois a ideologia impregna

---

2 Cf. Popper, K. *A lógica da pesquisa científica*.

o material de que nos vamos ocupar. O que é habilidade? Como conceber parâmetros que separem o que é inato do que se deve ao ambiente? Teremos de lutar duramente para eliminar a ideologia da resposta, mas o importante é que, sem ideologia, nunca teríamos pensado na questão.

2

POSSA SER EXCLUÍDA OU NÃO DO MUNDO do pensamento nas ciências sociais, a ideologia é certamente indispensável no mundo da ação na vida social. Uma sociedade não pode existir se seus membros não tiverem sentimentos comuns acerca do modo adequado de conduzir os seus negócios, e esses sentimentos comuns se expressam na ideologia.

Do ponto de vista da evolução, parece plausível dizer que a ideologia é a substituta do instinto. Os animais parecem saber o que fazer; nós temos de aprendê-lo. Como não é transmitido pelos genes, o padrão de comportamento adequado é altamente maleável e surge nas mais diversas formas em diferentes sociedades, mas alguns padrões de moralidade são necessários a todo animal social.

A necessidade biológica de moralidade nasce porque, para que as espécies sobrevivam, todo animal dever ter, por um lado, certo egoísmo – um forte impulso de obter alimento para si e de defender os seus meios de subsistência; também – estendendo o egoísmo do indivíduo para a família – de lutar pelos interesses da parceira e dos filhotes. Por outro lado, a vida social é impossível se a busca do interesse próprio não for atenuada pelo respeito e a compaixão pelos demais. Uma sociedade de egoístas consumados se despedaçaria; um indivíduo perfeitamente altruísta não tardaria a morrer de fome. Há um conflito entre tendências contrárias, todas elas necessárias à existência, e deve haver um conjunto de normas que as reconcilie. Além disso, é preciso que haja um mecanismo que faça com que um indivíduo mantenha as regras quando entram em conflito para sua vantagem imediata.

Adam Smith deriva a moralidade dos sentimentos de simpatia:

> Por mais egoísta que se suponha que o homem seja, há evidentemente na sua natureza alguns princípios que o levam a se interessar pela sorte dos outros, e fazem com que a felicidade deles lhe seja necessária, embora ele não ganhe nada com isso, a não ser o prazer de vê-la. Deste tipo é a pena ou a compaixão, a emoção que sentimos diante da miséria alheia, quando nós a vemos ou somos levados a concebê-la de modo intenso. O fato de muitas vezes derivarmos tristeza da tristeza dos demais é uma questão óbvia para exigir exemplos que a comprovem; pois esse sentimento, como todas as outras paixões originais da natureza humana, não se limita de modo algum ao virtuoso e ao humano, embora eles talvez o sintam com a mais requintada sensibilidade. O maior rufião, o mais endurecido transgressor das leis da sociedade, não carece totalmente dele.[3]

Isso é verdadeiro até certo ponto, mas não abrange todo o território. Havendo um conflito, eu salvaria a minha vida à sua custa – a simpatia não basta para me impedir de fazê-lo. A emoção altruísta é suficientemente forte para evocar o autossacrifício de uma mãe em defesa do filho; é muito pouco confiável em qualquer outro contexto.

---

[3] Smith, A. *The Theory of Moral Sentiments*, v.I, p.1-2.

Como os impulsos egoístas são mais fortes que os altruístas, as reivindicações alheias têm de nos ser impostas. O mecanismo pelo qual elas nos são impostas é o senso moral ou a consciência do indivíduo. Tomando um exemplo da esfera econômica, consideremos o respeito pela propriedade alheia. O roubo em si não é muito profundo na categoria da maldade. Nós não sentimos por ele a repugnância natural que sentimos pela crueldade ou a perversidade – a menos que chegue a ser crueldade ou perversidade – o rico roubando o pobre. Quando é o contrário, nós até gostamos. Quando lemos que um assaltante ou bandido que bancava Robin Hood finalmente foi capturado, a nossa simpatia não é inteiramente pela polícia. No entanto, a falta de honestidade é um grande incômodo na sociedade. É uma fonte de despesas e é cabalmente cansativa – tão cansativa para os ladrões quanto para todos os demais; sem honra entre os ladrões até o roubo seria impraticável.

Na ausência do respeito pela propriedade, seria praticamente impossível alcançar um padrão de vida razoável. Mesmo o investimento mais simples – arar para a colheita da próxima estação – não valeria a pena em escala superior ao que um homem pudesse proteger na época da safra. Impor o medo da punição pela força funciona até certo ponto, mas é caro, ineficaz e vulnerável à retaliação. A honestidade é muito mais barata. Mas observe, a honestidade dos *outros* é que é necessária ao *meu* conforto. Se todos fossem honestos menos eu, a minha situação seria das mais afortunadas. A necessidade de cada um de respeitar o bem de todos dá origem à necessidade de moralidade. Como diz o dr. Johnson:

A felicidade da sociedade depende da virtude. Em Esparta, o roubo era permitido por consenso; portanto, *lá* roubar não era crime, mas, em compensação, não havia segurança; e que vida eles hão de ter levado se não havia segurança? Sem verdade, o que se pode esperar é a dissolução da sociedade. Tal como estão as coisas, há tão pouca verdade que temos medo de confiar no que ouvimos; mas como ficaríamos se a falsidade fosse multiplicada por dez?[4]

Já que o roubo não provoca uma forte repugnância natural, o respeito pela propriedade alheia tem de ser ensinado. Trata-se de uma necessidade técnica, para possibilitar a vida social. Tomemos um exemplo das gralhas. Elas se aninham socialmente. Toda primavera os ninhos precisam ser reformados ou reconstruídos. O instinto, ou o que quer que governe o comportamento, leva as gralhas a sair e quebrar gravetos que servem de material de construção. Evidentemente, elas têm certa propensão natural a trabalhar com eficiência – a obter os gravetos mais fáceis e melhores –, caso contrário, o trabalho jamais seria executado. Mas, obviamente, os gravetos mais fáceis e melhores são os que já estão em algum ninho. O que as impede de roubar umas às outras? Se cada uma dependesse das demais para buscar gravetos, a sociedade entraria em colapso. Não que elas tenham uma aversão inata a gravetos de segunda mão, pois usam livremente ninhos abandonados para colher material de construção. Alguns observadores sustentam que o roubo ocorre ocasionalmente e que, ao ver um ladrão, as outras gralhas o cercam e afugentam.[5] Não é o caso de perguntar se o ladrão tem um

---

4 Boswell, J. *The Life of Dr. Johnson*. Edição de Allen and Unwin. v.II., p. 298.
5 O sr. G. K. Yeats duvida disso, mas atribui o acossamento a um fenômeno ainda mais impressionante, os vizinhos voltando-se contra um adúltero. *The Life of the Rook*, p. 31 e 38.

sentimento de culpa, e as outras gralhas, um sentimento de justa indignação (embora possa perfeitamente ser assim, pois a vida emocional dos pássaros parece ser muito parecida com a nossa). Não se trata de especular sobre os sentimentos subjetivos das gralhas. A questão é que a mesma situação técnica – vida social e propriedade individual – leva ao mesmo resultado: um código moral apoiado por sanções.

Quer as gralhas tenham consciência quer não, nós sabemos que os seres humanos a têm. Em vez do instinto, que cria um padrão fixo, os homens e as mulheres têm uma consciência que pode receber várias impressões e, assim, permite o florescimento de padrões muito variados de sociedade. A propensão a desenvolver consciência está na estrutura do cérebro humano sadio. É muito similar à propensão a aprender a falar. A capacidade de atribuir significados aos sons e a pronunciá-los nos contextos adequados está latente no nascimento; ela se desenvolve muito rapidamente nos primeiros anos de vida e continua, com menos facilidade, dali por diante. Varia de indivíduo para indivíduo e, às vezes, falta completamente. Tem uma localização peculiar no cérebro e pode se perder em virtude de uma lesão. Às vezes, depois da lesão, é possível tornar a treinar o cérebro (que contém algumas peças sobressalentes) e recuperar a capacidade perdida de reconhecer as palavras. A propensão a aprender um idioma é, evidentemente, mais ou menos a mesma em todas as raças. Mas que língua se aprende depende da sociedade em que a criança crescer.

Tudo isso é verdadeiro no tocante ao senso moral ou à propensão a desenvolver consciência. Começa paulatinamente (um ou dois anos depois da fala); alguns indivíduos anormais carecem dela; alguns a perdem devido a lesões cerebrais, coisa que, entretanto, pode ser corrigida por um novo treinamento. O conteúdo da consciência, assim como a língua que se aprende, depende da sociedade em que o indivíduo é criado.

Algumas pessoas se ofendem com a ideia de que a moralidade tem uma base física e provém da necessidade biológica, como se isso rebaixasse o aspecto mais nobre da natureza humana ao nível dos animais. Isso parece insensato. Todos concordamos que o amor materno é bom e admirável. (Até mesmo Freud, que tanto se chocava com as suas descobertas sobre a natureza humana, diz que o amor de uma mulher pelo filho é a mais pura das emoções.)[6] No entanto, ninguém pode negar que o amor materno tenha uma função biológica ou que o compartilhemos com os animais. (Aqui a exceção confirma a regra: entre as espinhelas, ao que parece, o pai se encarrega de cuidar do filhote e mostra a devoção mais apaixonada, ao passo que a mãe, tendo desempenhado o seu papel puramente físico na procriação, cai fora como o macho nas outras espécies, para se entregar à mais despreocupada das vidas. A natureza, como as sociedades humanas, encontra uma grande variedade de soluções para o mesmo problema técnico.)

O mecanismo biológico para o desenvolvimento da consciência parece operar mediante o nosso equipamento emocional.

> Ao formar o homem para a sociedade, a natureza o dotou de um original desejo de agradar e de uma aversão original a ofender seus irmãos. Ensinou-lhe a sentir prazer quando a situação deles era favorável, e dor quando desfavorável. Tornou a aprovação deles por si só

---

6 Freud, S. *New Introductory Lectures*. Tradução de W. S. H. Sprott, p.171-2.

mais lisonjeira e agradável para ele, e sua desaprovação sumamente mortificante e ofensiva.[7]

A consciência é moldada na criança pelo seu aprendizado do que é aprovado e reprovado pelo resto da família, mas funciona internamente e se transforma no desejo de ser aprovado por aquele que Adam Smith chama de "o homem dentro do peito".[8] Uma vergonha secreta é, sem dúvida, menos dolorosa do que ser descoberto, mas nem por isso deixa de ser dolorosa.

A sensação de vergonha é natural e universal, mas só aquilo que causa vergonha depende da convenção. É como a regra do trânsito. Tem de haver uma, mas em alguns países é "mantenha-se à esquerda" e em outros, "mantenha-se à direita". Na maior parte das sociedades, até recentemente, a moralidade era divulgada por meio da religião. Não é nada fácil a questão de moldar os indivíduos em uma sociedade com um padrão harmonioso; a religião é uma maneira útil tanto de fortalecer o desejo do indivíduo de fazer aquilo que ele julga certo quanto de impor determinada visão do que é certo. Em parte, trata-se de eliminar a moralidade e apelar para a prudência ou interesse próprio esclarecido – os maus serão punidos; em parte, trata-se de ensinar o indivíduo a projetar o medo da reprovação em um ser invisível de modo que a vergonha particular fique exposta a um olho eternamente vigilante; e, em parte, trata-se de dar força e propósito ao sentimento de benevolência da qual "nem mesmo o pior rufião [...] carece inteiramente".

---

7 Smith, A. *Moral Sentiments*, v.I, p.276.
8 Ibidem, p.304.

Muita gente que aprendeu a moralidade por intermédio da religião acredita realmente que não há outro motivo para querer fazer o que é certo a não ser evitar a ira divina: *Si Dieu n'existe pas, tout est permis*. Se Deus não existe, tudo é permitido. Essa é uma das coisas mais tolas que já se disse. Eu não acreditar em Deus não significa que possa dirigir em segurança no lado direito da rua em Londres ou no esquerdo em Paris. Não significa que os ladrões incomodam menos os homens honestos ou que uma sociedade infestada de ladrões não esteja envolvida com grandes despesas para manter a praga sob controle. Se a consciência de um homem se desintegra quando ele perde a fé em Deus, ela não pode ter sido imposta adequadamente quando ele era menino. Ainda está na fase infantil do desejo de ser aprovada pelos outros e ainda não cresceu no sentido de certo e errado.

Atualmente, um argumento popular entre os partidários da religião organizada afirma que ela é necessária à boa conduta e à harmonia social. Atribui-se ao declínio da religião as ondas de crime, os lares desfeitos, o conflito e a má vontade que atormentam o mundo moderno. O retorno às igrejas traria o retorno da boa ordem. Quem diz tal coisa apoia involuntariamente a argumentação acima. A moralidade é desejada e respeitada por si só; a religião nos tem sido recomendada porque apoia a moralidade, não a moralidade porque derive da religião.

Por outro lado, quem não tem crença religiosa geralmente se inclina a derivar o sentimento moral da razão. A alegação mais comum é que todo indivíduo deve fazer o certo porque, se não o fizer, os outros tampouco o farão. Ela se baseia em uma confusão, a confusão dos pôsteres da época da guerra: "Tudo depende de você". Naturalmente, as autoridades queriam que cada um de nós agisse como se acreditasse nisso. Mas simplesmente não era verdade. Cada indivíduo, como tal, não tem nenhum peso apreciável. Claro está, se o seu exemplo for influente, ele terá o peso que a sua influência traz, mas o pôster não se dirigia às pessoas influentes. Dirigia-se a todos os homens na rua.

Tomemos o exemplo da votação. Em um comitê pequeno, é frequente acontecer de um voto ser decisivo; nesse caso, é conveniente para mim tratar de comparecer à reunião em que se tomará uma decisão do meu interesse. Mas suponha que eu more em um distrito eleitoral seguro, por que hei de votar em uma eleição geral? Um voto a mais ou a menos não afetará absolutamente nada. "Ah, se todo mundo pensasse assim, a democracia entraria em colapso." Sim, mas eu não sou todo mundo – sou só eu. Os outros prosseguirão sem mim. "Que modo de falar chocante!" Sim, é justamente isso que importa. Obviamente é certo todos sentirem que têm o dever de votar, mas eles não podem ser persuadidos pela razão. Devem pensar que votar é certo porque é certo.

Ou voltemos às gralhas. Se uma delas roubasse um graveto do ninho de outra, só uma vez, o sistema não entraria em colapso. Se ela fosse vista, mas não a castigassem, os valores morais declinariam; mas se ela passasse despercebida? Que mal isso faria? Não pode haver nenhuma razão para não o fazer, a não ser que não se fez.

Os sistemas mais sofisticados procuram derivar a moralidade da tendência da direção da evolução. Mas isso não é convincente. Se eu disser: "A evolução que cuide de si; quanto a mim, vou fazer o que eu quiser", que resposta você poderia me dar a não ser apelar para o meu senso de dever? Por certo, a evolução explica o fato de eu o ter, mas, se ela me houvesse dotado, não só de senso de dever, mas do conhecimento de qual é o meu dever, não haveria necessidade de ter uma teoria a esse respeito.

O resultado do argumento é que os sentimentos morais não derivam da teologia nem da razão. São uma parte separada do nosso equipamento, como a capacidade de aprender a falar.

Tendo isso por dado, fica aberta a questão de qual é o conteúdo dos nossos sentimentos éticos. Todos os sistemas filosóficos de ética são tentativas de dar uma explicação racional do sentimento ético; não do fato de termos tais sentimentos, mas de que código de comportamento neles se baseia.

Keynes empreendeu o estudo da teoria da probabilidade sob a influência do sistema ético de Moore, que perorava "a obrigação de agir a fim de produzir por conexão causal o mais provável máximo de bem eventual durante toda a caravana de eras futuras".[9] Era uma questão extremamente preocupante ter condições de calcular probabilidades. Porém, mesmo se Keynes tivesse entendido corretamente a teoria da probabilidade, ela não teria provido um manual muito útil para conduzir a vida cotidiana.

Os outros sistemas racionais de ética podem ser menos extravagantes, mas não são melhores. O professor Braithwaite indica a diferença entre um sistema de leis científicas e um sistema de princípios éticos:

> Infelizmente, há uma diferença lógica entre as duas hierarquias: com a ascensão da hierarquia científica, as proposições se tornam

---

9 Keynes, J. M. *Two Memoirs*, p.97.

cada vez mais fortes de modo que digamos cada vez mais; com a ascensão da hierarquia dos fins, as proposições se tornam cada vez mais fracas, de modo que digamos cada vez menos. [...] Isso sobrevém do fato de que, enquanto uma lei científica de nível inferior é uma consequência lógica de nível superior, contrariamente, a busca de um fim B mais amplo é a consequência lógica de um fim A mais estreito (juntamente com o fato de que A é subordinado a B, isto é, que todas as buscas de A também são buscas de B). Assim, quando nós elevamos a hierarquia, os fins aumentam em conteúdo e perdem todo o contorno definido. [...] Isso explica a peculiar evanescência que muitos de nós encontramos nos conceitos que os grandes filósofos morais propõem como fins últimos -- a *eudaimonia* de Aristóteles ou a "felicidade" de Mill, por exemplo. É fácil dar exemplos negativos ou positivos disso; mas os próprios conceitos parecem inescrutáveis – quase tão inescrutáveis quanto a indefinível "bondade" de *Principia Ethica*. O motivo parece ser que, para justificar bens menores, eles têm de ser tão abrangentes que perdem todo conteúdo cognitivo.[10]

A razão não ajudará. O sistema ético implantado em cada um de nós pela nossa educação (até um rebelde é influenciado por aquilo contra o que ele se rebela) não derivou de nenhum princípio razoável; aqueles que tudo transmitiram para nós raramente conseguiram dar uma explicação racional do que transmitiam, nem mesmo formulá-lo explicitamente. Passaram para nós o que a sociedade lhes havia ensinado, do mesmo modo como nos transmitiram a língua que tinham aprendido a falar.

---

10 Braithwaite, R. B. Moral Principles and Inductive Policies. In: *Proceedings of the British Academy*, 1950, última página.

O conteúdo dos códigos éticos, comparando uma sociedade com outra, talvez não seja tão variado quanto seus idiomas, mas decerto varia muito.

A moralidade de *Hamlet* geralmente é tida como uma confusão entre noções cristãs e pagãs; também pode ser vista como o *insight* imaginativo de Shakespeare compreendendo o ponto de vista de pessoas recém-convertidas que toma literalmente todos os assuntos do Céu e do Inferno, mas conserva a sua própria ética do honroso dever de vingança. Posto que a teologia talvez seja um tanto ingênua, o sistema ético é bastante franco, ainda não contaminado pelo sentimento cristão.

Ou, lançando mão de um exemplo mais estreitamente ligado ao comportamento econômico, tomemos os tugues. Eles eram uma seita recrutada tanto entre muçulmanos quanto entre hinduístas, cujas devoções religiosas, dedicada à deusa Cáli, consistiam em estrangular os viajantes de modo ritual e dividir seus bens entre os membros do grupo conforme determinada fórmula. Seu código os proibia de assassinar mulheres, e quando um grupo, por medo de deixar uma testemunha, desafiava a norma, Cáli os abandonava e a polícia britânico-indiana os descobria.

Qualquer sistema econômico exige um conjunto de regras, uma ideologia que as justifique e uma consciência no indivíduo que o faça esforçar-se para cumpri-las.

Esses exemplos lembram a variedade de formas que a consciência humana é capaz assumir. Também demonstram outra questão: nós fazemos juízos morais de sistemas morais. Talvez *Hamlet* seja um caso discutível, mas estamos de acordo quanto aos tugues. Podemos admirar a disciplina, a resolução e a piedade de um tugue individual, mas não aprovamos os métodos e práticas dos tugues como sistema econômico. Talvez, caro leitor, você diga que não os reprova, que a sua atitude em relação à sociedade é moralmente neutra e que qualquer sistema de ética é meramente um sistema de ética. Mas seria deveras verdade? Você tem certeza de que aprova o sistema ético dos tugues? Uma pessoa simplória acredita que sabe a diferença entre o certo e o errado, que o molde específico que a sua consciência adotou é o único possível (tanto mais se a sua ideologia tiver forma de fé religiosa). As pessoas sofisticadas reconhecem a grande variedade de sistemas éticos e têm uma visão relativista das questões morais. Mesmo assim, sob o relativismo, nós acreditamos em certos absolutos. Há sentimentos éticos básicos que todos compartilhamos. Preferimos a bondade à crueldade e a harmonia ao conflito; admiramos a coragem e respeitamos a justiça. Tratamos como psicopatas os que nasceram sem tais sentimentos; consideramos mórbida a sociedade que treina seus membros para esmagar. Não adianta fingir que podemos pensar ou falar nas questões humanas sem levar em conta os valores éticos.

Talvez Gunnar Myrdal seja demasiado abrangente quando diz (falando como economista) que "os nossos próprios conceitos estão carregados de valor" e "só podem ser definidos em termos de avaliação política".[11] É verdade que a terminologia econômica é colorida. Maior fica perto de melhor; igual, de equitativo; bens soa como bem; desequilíbrio, como desconfortável; exploração parece perversa; lucros abaixo do normal, bem triste. Mesmo assim, tomando um sistema econômico como dado, nós podemos

---
11 Myrdal, G. *An International Economy*, p. 337.

descrever objetivamente as características técnicas da sua operação sem a ingerência de juízos morais. Pois olhar para um sistema de fora implica que ele não é o único sistema possível; ao descrevê-lo, nós o comparamos (aberta ou tacitamente) com outros sistemas reais ou imaginários. As diferenças implicam escolhas, e as escolhas implicam juízo. Não podemos escapar de julgar e os julgamentos que fazemos advêm dos preconceitos éticos que penetraram a nossa visão da vida e estão de algum modo gravados no nosso cérebro. Não podemos fugir dos nossos hábitos de pensamento. O gnomo obstrui o caminho. Mas podemos dar voltas em torno. Podemos ver o que avaliamos e tentar ver por quê.

Nada indica que a religião alguma vez tenha tido muito a ver com a nossa ideologia econômica. A história de um pároco do século xviii lendo o Evangelho – "Com quanta dificuldade os que têm riqueza entrarão no reino de Deus" – que foi ouvido sussurrar "Claro que é tudo absurdo" pode não ser verdade, mas por certo parece real.

O conflito entre devoção e economia foi satirizado na *Fábula das abelhas*, que, segundo o dr. Johnson, todo jovem tinha na estante na equivocada crença de que se tratava de um livro perverso. (Adam Smith classificou-o de Sistemas Licenciosos.) Um dia, as abelhas se apaixonaram pela virtude e começaram a levar uma vida sóbria, abstendo-se de pompa e orgulho e adotando costumes frugais e modestos. O resultado foi um declínio pavoroso.

No seu estado florescente,

> A raiz do mal, a Avareza,
> Esse vício maldito e pernicioso,
> Ficou escrava da prodigalidade,

Esse nobre Pecado; enquanto o Luxo empregava um milhão de Pobres,
E o odioso orgulho, mais um milhão:
A própria Inveja e a Vaidade
Eram ministras da indústria;
Sua querida Loucura, a Inconstância,
Em dieta, móveis e roupas,
Esse vício estranho e ridículo, tornou-se
A própria roda que fazia girar o comércio.[12]

Quando eles se tornaram virtuosos,

Enquanto o Orgulho e o Luxo diminuem,
Eis que, aos poucos, eles deixam os mares.
Agora já não mercadores, mas empresas,
Removem manufaturas inteiras.
Todas as artes e os ofícios abandonados mentem;
Satisfeita, a desgraça da indústria
Os faz admirar a sua loja caseira
E nunca mais buscar nem cobiçar.[13]

A interpretação de Keynes de Mandeville nos termos da teoria da demanda eficiente foi um bocado forçada.[14] Que o luxo dos ricos dá emprego aos pobres era coisa bem óbvia. Em um país subdesenvolvido, como era a Inglaterra de Mandeville, há uma abundante reserva de trabalho na agricultura para fornecer lacaios e artesãos que podem tirar sustento das despesas de luxo. Esse era um

---
12 Mandeville, B. *The Fable of the Bees*. Edição de Kaye. v.I, p.25.
13 Ibidem, p.34.
14 Keynes, J. M. *General Theory*, cap. 23, VII.

tema favorito do dr. Johnson (que concordava inteiramente com o pensamento econômico de Mandeville, posto que não aceitasse a sua "moralidade monástica").

> É impossível gastar dinheiro em luxo sem beneficiar o pobre. Não, faz-se mais bem a eles gastando dinheiro em luxo do que com doações; porque, ao gastá-lo em luxo, você faz com que eles exerçam a indústria, ao passo que ao dar esmola, faz com que permaneçam na ociosidade. Eu reconheço, deveras, que pode haver mais virtude em dá-lo imediatamente em caridade do que em gastá-lo em luxo; se bem que nisso também pode haver orgulho.[15]

E

> Muitas coisas falsas são transmitidas de um livro a outro e ganham crédito no mundo. Uma delas é o clamor contra o mal do luxo. Ora, a verdade é que o luxo produz muito bem. Veja o luxo de construir em Londres. Ele não produz vantagem real na conveniência e na elegância da acomodação, e tudo isso graças ao esforço da indústria? As pessoas lhe dirão, com ar melancólico, que muitos construtores estão na prisão. É claro que estão, não para construir; pois os aluguéis não caíram. Um homem dá meio guinéu por um prato de ervilhas verdes. Quanta agricultura isso não há de gerar? Quantos trabalhadores se mantêm empregados graças à concorrência para colocar essas coisas o mais cedo possível no mercado? Você ouvirá dizerem, com muita tristeza, "Por que não deram aos pobres esse meio guinéu esbanjado no luxo? A quanta gente esse dinheiro não teria proporcionado uma boa refeição?" Ai de mim! ele não beneficiou o pobre *trabalhador*, que mais vale a pena sustentar do que o pobre *ocioso*? Você tem muito mais certeza de que está fazendo o

---

15 Boswell, J. *The Life of Dr. Johnson*. Edição de Allen and Unwin. v.II, p.298.

bem quando paga quem trabalha, em recompensa pelo seu trabalho, do que quando *dá* dinheiro por mera caridade. Imagine se se revivesse o antigo luxo de um prato de miolo de pavão; quantas carcaças não ficariam para os pobres a baixo preço? E, quanto ao alarde que se faz por conta das pessoas cuja extravagância as arruinou, pouco importa para a nação se alguns indivíduos sofrerem. Quando a consequência do luxo é tanto esforço produtivo geral, a nação não dá a mínima, ainda que haja tantos devedores na prisão; não, eles tampouco dariam a mínima embora os seus credores também estivessem na cadeia.[16]

O propósito de Mandeville não era estabelecer essa visão da economia, e sim, tendo-a como certa, usá-la para mostrar o padrão duplo de um povo que, pretendendo-se cristão, valoriza acima de tudo a riqueza e a glória nacional.

Na composição em prosa que anexou à *Fábula*, ele explica:

> Quando eu digo que, sem vícios, as sociedades não podem ser alçadas à riqueza, ao poder e ao cimo da glória terrena, não creio que, por isso, esteja recomendado aos homens serem viciosos, assim como não os aconselho a serem briguentos ou cobiçosos quando afirmo que a profissão da lei não poderia ser mantida em tal número e com tal esplendor se não houvesse abundância de pessoas excessivamente egoístas e litigiosas.[17]

E instaura um Epicuro para levantar objeções.

> Ele citará o meu lorde Shaftesbury contra mim e dirá que as pessoas podem ser virtuosas e sociáveis sem desprendimento; que é uma afronta à virtude torná-la inacessível, que eu a transformo em um papão

---
16 Ibidem, p.133-4.
17 Mandeville, op. cit., p.231 (grafia atualizada).

para assustar os seres humanos, dizendo que se trata de uma coisa impraticável; mas que, de sua parte, ele pode louvar Deus e, ao mesmo tempo, desfrutar das suas criaturas com a consciência tranquila.

Perguntar-me-á enfim se a legislatura, a própria sabedoria da nação, enquanto eles se esforçam tanto quanto possível para desestimular a profanação e a imoralidade, bem como promover a glória de Deus, não professar abertamente, ao mesmo tempo, não ter no coração nada além do conforto e o bem-estar do sujeito, a riqueza, a força, a honra e tudo o mais que se pode chamar o verdadeiro interesse do país; e, além disso, se os mais devotos e eruditos dos nossos prelados, em sua enorme preocupação com a nossa conversão, quando imploram à Divindade que desvie o seu e o nosso coração do mundo e de todos os desejos carnais, não lhe solicita em voz alta, na mesma oração, que derrame todas as bênçãos terrenas e a felicidade temporal no reino a que eles pertencem...

Quanto às duas últimas questões, eu reconheço que são deveras intrigantes: ao que Epicuro pergunta, sou obrigado a responder afirmativamente; e a menos que eu (Deus me livre!) incrimine a sinceridade dos reis, bispos e todo o poder legislativo, a objeção é válida contra mim: a única coisa que posso dizer a meu favor é que, na conexão dos fatos, há uma mistério superior à compreensão humana.[18]

Adam Smith não gostou disso. Sua reação é bem apagada e frágil depois da afiada sátira de Mandeville.[19]

A grande falácia do livro do dr. Mandeville é representar todas as paixões como inteiramente viciosas, coisa que ocorre em qualquer grau e em qualquer direção. É assim que ele trata tudo como vaidade que tem alguma referência aos que são ou deviam ser os sentimentos

---

18 Ibidem, p. 234-5.
19 Smith, A. *Moral Sentiments*, v. II, p. 202-3.

alheios; e é mediante esse sofisma que chega à sua conclusão predileta, que os vícios privados são benefícios públicos. Se o amor à magnificência, o gosto pelas artes e pelos melhoramentos da vida humana, por tudo quanto é agradável no vestuário, nos móveis ou na equipagem, pela arquitetura, a estatuária, a pintura e a música, deve ser encarado como luxo, sensualidade e ostentação, mesmo naqueles cuja situação permite, sem nenhuma inconveniência, a tolerância a essas paixões, é certo que o luxo, a sensualidade e a ostentação são benefícios públicos: já que, sem as qualidades às quais ele acha conveniente atribuir nomes tão oprobriosos, as artes do refinamento jamais poderiam encontrar estímulo e acabariam definhando por falta de uso. Algumas doutrinas ascéticas populares, que já eram comuns antes da época dele e entendiam a virtude como a extirpação e o aniquilamento de todas as nossas paixões, foram o verdadeiro fundamento desse sistema licencioso. Foi fácil para o dr. Mandeville provar, primeiramente, que toda essa conquista jamais ocorreu de fato entre os homens; e, em segundo lugar, que, se chegasse a ocorrer universalmente, seria perniciosa ao destruir toda a indústria, todo o comércio e, de certo modo, todos os negócios da vida humana. Com a primeira dessas proposições, ele pareceu provar que não havia nenhuma virtude real e que aquilo que pretendia ser tal coisa não passava de uma trapaça e uma imposição sobre a humanidade; e com a segunda, que os vícios privados eram benefícios públicos, uma vez que, sem eles, nenhuma sociedade poderia prosperar ou florescer.

Ele admite, mesmo assim, que há algo nisso:

> Contudo, por mais destrutivo que pareça, esse sistema nunca teria logrado se impor sobre um tão grande número de pessoas nem ocasionado um alarme tão geral entre os amigos dos melhores princípios.[20]

---

20 Smith, loc. cit.

O fato é que Mandeville nunca obteve resposta. Depois de mais de duzentos anos, Keynes está cogitando profundamente sobre a nossa moralidade vesga:

> Na Europa, ou pelo menos em algumas partes da Europa – mas, creio eu, não nos Estados Unidos da América – há uma reação latente, bastante difundida, contra basear a sociedade na medida em que o fazemos ao promover, incentivar e proteger as motivações financeiras dos indivíduos. A preferência por organizar os nossos negócios de modo a apelar o mínimo possível para a motivação financeira, em vez de tanto quanto possível, não precisa ser inteiramente *a priori*, mas pode se basear na comparação de experiências. Diferentes pessoas, conforme a escolha da profissão de cada uma, acham que a motivação financeira tem um papel importante ou irrelevante na sua vida cotidiana, e os historiadores podem falar em outras fases da organização social em que essa motivação teve um papel muito mais desimportante do que atualmente. A maior parte das religiões e das filosofias deprecia, para dizer o mínimo, qualquer modo de vida influenciado principalmente por considerações de lucro monetário pessoal. Por outro lado, hoje em dia, a maioria dos homens rejeita as noções ascéticas e não duvida das vantagens reais da riqueza. Além disso, para eles é óbvio que não se pode viver sem motivação financeira e que, à parte certos abusos admitidos, ela faz bem a seu trabalho. Resulta que o homem médio evita dar atenção ao problema e não tem uma ideia clara do que ele pensa e sente a respeito de todo esse assunto confuso.[21]

Schumpeter demonstra a mesma coisa em um contexto diferente quando afirma que os homens de negócios não podem cobrar lealdade de um povo:

---

21 *Essays in Persuasion*, p.320.

Com extrema facilidade e graça, metamorfosearam-se em cortesãos, administradores, diplomatas, políticos e militares de um tipo que nada tinha a ver com o do cavaleiro medieval. E – fenômeno sumamente surpreendente quando nos pomos a pensar – um resíduo desse antigo prestígio sobrevive até hoje e não só aos olhos das nossas damas.

No tocante ao industrial e ao comerciante, o contrário é verdadeiro. Por certo, neles não há vestígio do *glamour* místico que realmente importa no governo dos homens. A bolsa de valores é um substituto medíocre do Santo Graal. Já vimos que o industrial e o comerciante, como empresários que são, também têm uma função de liderança. Mas a liderança econômica desse tipo não se transforma facilmente, como a liderança militar do senhor medieval, em liderança de nações. Pelo contrário, o livro-razão e o cálculo dos custos absorvem e confinam.

Eu chamei o burguês de racionalista e anti-heroico. Ele só conta com meios racionalistas e anti-heroicos para defender a sua posição ou sujeitar uma nação à sua vontade. Pode impressionar pelo que as pessoas esperam do seu desempenho econômico, pode defender a sua causa, pode prometer dar dinheiro ou ameaçar não o dar, pode contratar os serviços mercenários de um *condottiere* ou de um político ou de um jornalista. Mas isso é tudo, e tudo isso é muito superestimado no referente ao seu valor político. Tampouco as suas experiências e hábitos de vida são do tipo que inspiram fascínio pessoal. Um gênio dos negócios pode ser, e frequentemente é, completamente incapaz de afugentar um ganso – tanto no salão quanto na tribuna.[22]

É precisamente a busca do lucro que destrói o prestígio do homem de negócios. Se bem a riqueza pode comprar todas as formas de respeito, ela nunca as recebe gratuitamente.

---

22 *Capitalism, Socialism and Democracy*, p.137-8.

Coube ao economista a missão de superar esses sentimentos e justificar para o homem os caminhos de Mammon. Ninguém gosta de ter má consciência. O cinismo puro é um bocado raro. Até mesmo os facínoras roubavam e assassinavam pela honra da sua deusa. É responsabilidade dos economistas não nos dizer o que fazer, e sim mostrar por que o que fazemos, seja lá o que for, está de acordo com os princípios adequados. A seguir, esse tema é ilustrado pela referência a uma ou duas das principais ideias dos economistas desde Adam Smith, não de maneira erudita, traçando o desenvolvimento do pensamento, nem historicamente, para mostrar como as ideias surgiram a partir dos problemas de cada época, e sim em uma tentativa de decifrar o modo misterioso como as proposições metafísicas, sem o menor conteúdo lógico, ainda podem ser uma poderosa influência sobre o pensamento e a ação.

3

A ECONOMIA NÃO É SOMENTE UM RAMO DA TEOLOGIA. Sempre se empenhou em fugir do sentimento e em granjear para si o *status* de ciência. Nós vimos anteriormente que as proposições metafísicas não só expressam sentimentos como também proveem hipóteses. Antes de prosseguir com a argumentação, convém fazer uma pausa para indagar como isso acontece.

O método científico é outro tipo de elefante – algo que existe e pode ser descrito, mas não definido. Uma visão comum da origem das generalizações científicas é o fato de elas se basearem na indução a partir dos casos observados. Era habitual nos dizerem que, no hemisfério norte, as pessoas chegavam à generalização: todos os cisnes eram brancos, por um processo de indução – todos os cisnes já vistos eram brancos, até que a Austrália foi descoberta e os cisnes pretos desmentiram a generalização. Isso não parece estar de acordo com a experiência. Ao ver um cisne pela primeira vez na Inglaterra, você observa que ele é branco, tem pescoço comprido etc., aprende que o chamam de cisne. Não há nenhuma indução nisso. Logo à primeira vista, você generaliza que os cisnes são assim. Ora, acontece que nós classificamos as espécies pela anatomia, não pela cor. Dizer que todos os cisnes têm pescoço comprido é uma afirmação circular, pois, se essa criatura não tivesse pescoço comprido, não seria classificada como cisne. Se acaso eles chamassem Cisnes-brancos, pareceria tolo falar em Cisnes-brancos pretos, e os da Austrália seriam designados por um nome diferente.

Outro enigma estimado que deve ilustrar a indução é: por que você acredita que o sol nascerá amanhã? Para os propósitos da vida cotidiana, nós temos isso como certo; seja como for, não acreditamos em nada acerca disso. Quando perguntamos seriamente: "nós acreditamos nisso?" e, em caso afirmativo, "por quê?", a resposta por certo não se deve à indução a partir do seu comportamento passado. Nós temos uma teoria do movimento dos planetas, que causa o aparente movimento do sol, e não há por que esperar que o processo seja interrompido antes de amanhã (embora seja claro que isso pode acontecer – nunca se sabe). Antes disso, havia a teoria segundo a qual Deus criara o sol para iluminar o mundo e o instruíra a ter um movimento de rotação para que pudéssemos dormir um pouco durante a noite. E, antes disso, havia a teoria segundo a qual Apolo e sua biga percorriam o céu diariamente. Antes que a ciência existisse, já havia muitas teorias. O processo científico, como sustenta o professor Popper, consiste em tentar "desprovar" as teorias. O *corpus* da ciência sempre é composto pelas teorias que não foram "desprovadas".

A grande dificuldade em aplicar o método científico às ciências sociais (se é que assim as podemos chamar), está em ainda não termos estabelecido um padrão consensual para a "desprovação" de uma hipótese. Sem a possibilidade de experimento controlado, nós somos obrigados a confiar na interpretação da evidência, e interpretação envolve juízo; nunca podemos obter uma resposta definitiva. Mas como o assunto está necessariamente impregnado de sentimentos morais, o juízo fica matizado de preconceito.

> Quem é convencido por coação
> Continua com a mesma opinião.

A saída desse impasse consiste em não se despojar do preconceito e em abordar o problema a ser discutido com uma mente puramente objetiva. Quem lhe disser: "Acredite, eu não tenho preconceitos" está enganando a si próprio ou tentando enganá-lo. O professor Popper critica o método de argumentação que se pretende baseado na imparcialidade dos cientistas sociais. A objetividade da ciência é possível, não porque o indivíduo seja imparcial, mas porque muitos indivíduos testam continuamente as teorias uns dos outros. "Para evitar desentendimentos, os cientistas procuram exprimir as suas teorias de modo que elas possam ser testadas, isto é, refutadas (ou então confirmadas) pela experiência.[23]

---

23 Popper, K. *The Open Society and its Enemies*, v.II, p.205.

Eu acho que o professor Popper se equivoca ao dizer que as ciências naturais não são melhores que as ciências sociais. Elas têm em comum a fraqueza humana de desenvolver patriotismo pelo próprio trabalho: "A minha teoria, certa ou errada!". Mas, além disso, nas ciências sociais, primeiramente, o tema tem conteúdo muito mais político e ideológico, de modo que outras lealdades também estão envolvidas; e em segundo lugar, o apelo para a "experiência pública" nunca pode ser decisivo como é para os cientistas de laboratório, que podem repetir os experimentos uns dos outros em condições controladas; os cientistas sociais sempre ficam com uma brecha pela qual fugir – "as consequências resultantes das causas que analisei são, eu reconheço, opostas ao que previ, mas seriam ainda mais se aquelas causas não tivessem interferido".

Essa necessidade de depender do juízo tem outra consequência. Já se observou algumas vezes que os economistas são mais enjoados e irritáveis que os outros cientistas. O motivo é que, quando o juízo pessoal de um autor está envolvido em uma discussão, o desacordo chega a ser insultuoso.

Adam Smith comenta a diferença de temperamento entre os poetas e os matemáticos:

> A beleza da poesia é uma questão de tal modo sutil que o jovem iniciante raramente pode estar seguro de tê-la alcançado. Por isso, nada o agrada mais do que o juízo favorável dos amigos e do público; e nada o mortifica mais profundamente do que o contrário. O primeiro estabelece e o segundo abala a boa opinião que ele anseia por merecer pelo seu desempenho.
>
> Já os matemáticos, pelo contrário, que podem ter a mais perfeita garantia tanto da verdade quanto da importância das suas

descobertas, geralmente são muito indiferentes à aceitação que o público porventura manifestar.

...Graças à sua independência em relação à opinião pública, [eles] dificilmente se deixam tentar a formar facções e cabalas, nem para promover a sua própria reputação, nem para depreciar a dos rivais. Quase sempre são homens da mais afável simplicidade de modos, que vivem harmonicamente entre si, são amigos da reputação uns dos outros, não fazem intriga para garantir o aplauso público, mas ficam satisfeitos quando seus trabalhos são aprovados, sem se irritar nem se encolerizar quando são desconsiderados.

Nem sempre é assim com os poetas ou os que se valorizam naquilo que chamam de belas-letras. São muito capazes de certo tipo de facções literárias; sendo cada cabala, muitas vezes manifestamente e quase sempre secretamente, a inimiga mortal da reputação de todos os outros, empregando todas as artes maldosas da intriga e da sedução para incitar a opinião pública a favor das obras dos seus próprios membros ou contra as dos seus inimigos e rivais.[24]

Talvez Adam Smith tivesse uma visão demasiado exaltada dos matemáticos, e quiçá os economistas não sejam tão maus quanto os poetas; mas a sua principal questão é pertinente. A falta de um método acertado e aceito de eliminar erros introduz um elemento pessoal nas controvérsias econômicas que é outro perigo além de tudo o mais. Há uma exceção notável que confirma a regra. Keynes era singularmente livre e generoso porque não valorizava a opinião de ninguém mais do que a sua própria. Se alguém discordasse dele, era esse alguém que estava sendo tolo; ele não tinha por que se irritar com isso.

---

[24] Smith, A. *Moral Sentiments*, v.I, p. 293-7.

O problema pessoal é um subproduto da principal dificuldade, que os economistas, carecendo do método experimental, não são estritamente o bastante compelidos a reduzir os conceitos metafísicos a termos falsificáveis e não podem compelir uns aos outros a concordar quanto ao que se falsificou. Assim, a economia avança coxeando com um pé em hipóteses não testadas e, com o outro, em *slogans* não testáveis. Aqui nossa tarefa é solucionar do melhor modo possível essa mistura de ideologia com ciência. Não encontraremos respostas claras para as perguntas que ela fizer. A principal característica da ideologia que hoje domina a nossa sociedade é a sua confusão extrema. Compreendê-la significa tão somente revelar as suas contradições.

2
Os clássicos: valor

UMA DAS GRANDES IDEIAS METAFÍSICAS na economia é designada pela palavra "valor". O que é e de onde vem o valor? Isso não significa utilidade – o bem que os bens nos fazem.

> Observe-se que a palavra valor tem dois significados distintos e, umas vezes, expressa a utilidade de determinado objeto e, outras, o poder de comprar outros bens que a posse daquele objeto transmite. Podemos chamar o primeiro de "valor de uso" e o segundo de "valor de troca". As coisas que têm o maior valor de uso geralmente têm pouco ou nenhum valor de troca; e, em compensação, as que têm o maior valor de troca geralmente têm pouco ou nenhum valor de uso. Nada é mais útil do que a água; mas ela não compra quase nada; não se obtém quase nada em troca dela. Um diamante, pelo contrário, tem escasso valor de uso; geralmente, porém, pode-se obter uma grande quantidade de outros bens em troca dele.[1]

---

1 Smith, A. *Wealth of Nations*. v.I. (Série Everyman), p. 24-5.

Isso nada tem a ver com os preços de mercado, que variam de vez em quando sob a influência de acidentes casuais; tampouco é simplesmente uma média histórica dos preços reais. Na verdade, não se trata meramente de um preço; trata-se de algo que explicará como os preços vêm a ser o que são. O que é isso? Onde o encontraremos? Como todos os conceitos metafísicos, quando tentamos identificá-lo ou defini-lo, resulta que ele não passa de uma palavra.

Ainda assim, os problemas que surgiram na busca das causas do valor não são de modo algum desprovidos de significado.

1

RECORDEMOS COMO Adam Smith iniciou a pesquisa:

> Naquele estado tosco e prematuro da sociedade que precedeu tanto a acumulação de valores quanto a apropriação da terra, a proporção entre a quantidade de trabalho necessária à aquisição de diversos objetos parece ser a única circunstância capaz de oferecer alguma regra para trocá-los entre si. Por exemplo, se, em uma nação de caçadores, matar um castor costuma exigir o dobro do trabalho necessário para matar um cervo, um castor naturalmente deve valer ou ser trocado por dois cervos. É natural que aquilo que normalmente é o produto de dois dias ou de duas horas de trabalho valha o dobro daquilo que, habitualmente, é o produto de um dia ou de uma hora de trabalho. [...]
>
> Nesse estado de coisas, toda a produção do trabalho pertence ao trabalhador; e a quantidade de trabalho geralmente empregada na aquisição ou na produção de qualquer mercadoria é a única

circunstância que normalmente pode regular a quantidade de trabalho para a compra, a encomenda ou a troca.[2]

Que *status* se deveria dar a tal proposição? Ela não é metafísica – conta uma história bem definida com um conteúdo perfeitamente factual. Poderia servir de hipótese a ser testada. Mas não se trata de uma hipótese derivada da observação nem da análise. Pertence mais ao reino do mito – uma hipótese do mesmo tipo daquela segundo a qual Deus mandou o sol entrar em movimento rotação para que houvesse dia e noite. Reflitamos analiticamente sobre a teoria de Adam Smith. Como aconteceu de os caçadores resolverem escambar? A troca provém da especialização, mas Adam Smith pretende claramente que a floresta era livre para tudo. Não havia nenhuma propriedade em batidas especiais e ele exclui manifestamente as diferenças na arduosidade do trabalho ou na habilidade necessária. Como o próprio Adam Smith indica em um capítulo posterior:

> Naquele estado rudimentar da sociedade, no qual não há divisão do trabalho, no qual as trocas se fazem raramente e no qual cada homem provê tudo para si, não é necessário acumular mercadorias nem as armazenar antecipadamente para realizar os negócios da sociedade. Cada homem se empenha em suprir, pela sua própria indústria, suas necessidades ocasionais à medida que ocorrem. Quando tem fome, vai caçar na floresta; quando o seu casaco está gasto, ele veste a pele do primeiro animal grande que conseguir matar: e quando a sua cabana começa a se deteriorar, conserta-a tão bem quanto possível com as árvores e as ervas mais próximas.[3]

---

2 Ibidem, p.41-2.
3 Ibidem, p.241.

Como pode haver então uma relação de preço normal? É possível que haja permutas casuais, mas por que haveria comércio regular a um preço normal? Evidentemente, convém entender que, nas transações particulares, as duas partes concordam em negociar ao preço normal. O que governa a troca não é o tempo que cada um realmente gastou, e sim o tempo que "normalmente se gasta". O valor governa por ser justo e correto. Afinal, não está tão distante assim do Preço Justo do estudioso medieval.

Na versão dessa teoria que sobreviveu até os tempos modernos, a especialização é permitida, aplica-se aos artesãos, cada qual com as suas aptidões especiais e com meios de produção próprios. De fato, isso explica as trocas, mas destrói a teoria; daí em diante o mero tempo já não servirá de medida de diferentes tipos de trabalho.

O *trabalho concreto* de um ferreiro, dizem, produz ferraduras, e o de um tecelão produz tecido, ao passo que o *trabalho abstrato* explica o seu valor. Podemos descobrir quanto trabalho abstrato há em cada um observando-lhes os preços.

> Quando um produtor de mercadorias leva um machado ao mercado a fim de trocá-lo, descobre que pode obter vinte quilos de grãos por ele. Isso significa que o machado *vale* a mesma quantidade de trabalho social que valem vinte quilos de grãos.[4]

Mesmo que pudéssemos extrair algum sentido analítico desse conceito, seria irrelevante do ponto de vista histórico. Para que a economia camponesa seja viável é necessário que cada comunidade

---

4 *Political Economy*, manual publicado pelo Instituto de Economia da Academia de Ciências da União Soviética. Londres: Laurence & Wishart, 1957, p. 71.

local sustente os comerciantes de que precisa: um ferreiro, dois barbeiros, cinco padres ou seja lá o que for, os quais têm de receber um salário-mínimo por homem/ano. O tempo de trabalho por unidade de produção nada tem que ver com isso. O plano mais simples é o que ainda persiste em uma aldeia indígena: os especialistas da aldeia têm direito de participar de certo percentual da colheita e devem fazer tanto ou tão pouco trabalho quanto necessário.

Por certo, havia comércio e preços desde o período neolítico. Há motivos para acreditar que também houvesse mercadores viajantes que negociavam sílex e âmbar, e parece seguro presumir que, em cada fim de jornada, vendessem produtos exóticos fora do esquema, fosse qual fosse, que regulava o mercado doméstico, eles vendiam a sua mercadoria pelo preço alcançado.[5] Decerto, o tempo de trabalho nada tinha a ver com isso.

A história dos castores e cervos contada por Adam Smith não tem garantia analítica nem histórica. Ele a extraiu de preconceitos morais. É como deveria ter sido. Os caçadores viviam em um passado idílico, no qual o sistema econômico era moralmente satisfatório.

> Assim que toda a terra de qualquer país passa a ser propriedade privada, os proprietários, como todos os outros homens, adoram colher onde nunca plantaram e exigem uma renda até mesmo dos seus produtos naturais. [...]
> Assim que o estoque se tiver acumulado nas mãos de certas pessoas, algumas delas o empregarão naturalmente para pôr as pessoas industriosas para trabalhar, as quais elas suprirão de material e

---

5 Ver J. G. D. Clark, *Prehistoric Europe*, cap. IX.

sustento a fim de obter lucro com a venda do seu trabalho ou com aquilo que o seu trabalho acrescentar ao valor do material.[6]

Há em toda sociedade ou vizinhança uma taxa comum ou média tanto de salários quanto de lucros e rendas. [...] Essas taxas comuns ou médias podem-se denominar taxas naturais de salários, lucro e renda no tempo e no lugar em que costumam prevalecer. Quando o preço de qualquer mercadoria não for maior nem menor que o suficiente para pagar [essas taxas naturais], a mercadoria é vendida pelo que se pode designar por seu preço natural. Neste caso, a mercadoria é vendida exatamente pelo seu valor.[7]

Enquanto teoria de preços, essa é um tanto simplória, mas é questionável se as doutrinas hoje pregadas, ainda que muito mais elaboradas, são mais perspicazes. Em todo caso, a questão não está na análise; está no dilema moral. A propriedade e os lucros são uma imposição aos trabalhadores. Há um quê de saudade "daquele estado de coisas original", quando o trabalhador não tinha "senhorio nem mestre com quem compartir."[8]

Mas Adam Smith está sendo cabeça-dura. Este livro não é dedicado aos sentimentos morais, e sim à conveniência. O caminho segue adiante pela produtividade crescente que acompanha a divisão do trabalho. Uma teoria do valor imprecisa há de servir bastante bem, pois a questão principal é discutir as vantagens do livre-comércio e da acumulação de estoque. O mais importante é o aumento da produção física, já os preços não importam tanto.

---

6 *The Wealth of Nations*, v.I, p.44 e 42.
7 Ibidem, p.48.
8 Ibidem, p.57.

Também para Ricardo o valor era uma questão secundária. Inicialmente, ele não tinha intenção de sair em busca de uma teoria dos preços:

> O produto da terra – tudo quanto deriva da sua superfície mediante a aplicação unificada do trabalho, do maquinário e do capital – divide-se entre três classes da comunidade; a saber, o proprietário da terra, o dono do estoque de capital necessário ao seu cultivo e os trabalhadores graças a cuja laboriosidade ela é cultivada.
>
> Mas em diferentes estágios da sociedade, as proporções de toda a produção da terra que serão distribuídas a cada uma dessas classes, com os nomes renda, lucro e salários, serão essencialmente diferentes, dependendo principalmente da fertilidade real do solo, da acumulação do capital e da população, bem como da aptidão, do engenho e dos instrumentos empregados na agricultura.
>
> Determinar as leis que regulam essa distribuição é o principal problema da Economia Política.[9]

Mas ele foi interrompido pela necessidade de medir o total a ser distribuído. A sua dificuldade era o fato de uma mudança na participação dos salários no valor da produção, coisa que acarreta alteração na taxa de lucro do capital, modificar os preços relativos das mercadorias, porque os salários e os lucros passariam a entrar em proporções diferentes nos custos de cada um. Em que unidade o produto deve ser avaliado? Ricardo recorreu a uma unidade de tempo de trabalho, mas ela não o deixou satisfeito, e só lhe restou mexer com ela em diversas edições de *Princípios*, como mostrou o

---

9 Ricardo, David. Prefácio aos *Principles*. *Works of David Ricardo*. v.I. P. Sraffa (org.). p. 5.

sr. Sraffa. A questão se manifesta mais claramente no seu último ensaio, que foi encontrado na famosa caixa de lata em Raheny:[10]

> As únicas qualidades necessárias para tornar perfeita uma medida de valor são ela própria ter valor e esse valor ser invariável, do mesmo modo como em uma medida de comprimento perfeita a própria medida deve ter comprimento e esse comprimento não pode estar sujeito a aumentar nem a diminuir; ou em uma medida de peso, que precisa ter peso, e esse peso deve ser constante.
> Apesar de ser fácil dizer como deve ser uma medida de valor perfeita, não é fácil encontrar uma mercadoria que tenha as qualidades necessárias. Quando queremos uma medida de comprimento, nós escolhemos uma jarda ou um pé – que é um comprimento determinado, definido, insuscetível de aumentar ou diminuir, mas quando queremos uma medida de valor, que mercadoria dotada de valor havemos de escolher cujo valor não varie?[11]

Podemos ver claramente que isso está errado. Peso e comprimento são, naturalmente, convenções humanas, porém, uma vez estabelecidas, elas não mudam, para fins práticos, porque se referem ao mundo físico, não humano. São as mesmas tanto para Robinson Crusoe quanto na Trafalgar Square; as mesmas em Moscou e em Nova Iorque. Mas o valor é uma relação entre pessoas. Não tem o menor significado para Robinson Crusoe. Jamais existirá uma unidade para medir a renda nacional que tenha o mesmo significado para todos, menos ainda uma unidade que signifique a mesma coisa em datas diferentes ou no contexto de sistemas econômicos diferentes.

---

10 Ibidem, v.I, p.IX.
11 Ibidem, v.IV, p.361.

Agora nós sabemos que, quando não se consegue obter uma resposta, algo há de estar errado com a pergunta, mas Ricardo nunca se deu conta de que o erro estava na pergunta e continuou tentando eliminar os erros nas suas respostas.

Parece não haver conotações ideológicas nem vestígio de pensamento ilusório na busca de Ricardo do *valor absoluto*. Ele tinha um candor lamentavelmente raro naqueles que se interessam pelos problemas sociais e políticos; digladiava honestamente com um quebra-cabeça intelectual honesto. Mas a argumentação foi abordada em termos ideológicos e, até que o sr. Sraffa o resgatasse, outra questão bem diferente lhe foi impingida.

Sua unidade de trabalho como medida de *valor* de algum modo parecia levar a ideias perigosas. Devia-se creditar a criação do *valor* unicamente ao trabalho? Acaso isso implicava que os lucros eram uma imposição aos trabalhadores? Entendeu-se que as correções feitas por Ricardo, na sua busca de uma unidade de *valor*, serviam para mostrar que ele admitia que o capital também era produtivo, e toda a discussão mergulhou em um nevoeiro de metafísica disfarçada de análise.

Marshall se encarregou de defendê-lo contra a imputação de ideias perigosas. Atribuiu os mal-entendidos à obscuridade:

> A sua exposição é tão confusa quanto o seu pensamento é profundo; Ricardo emprega as palavras em sentidos artificiais, os quais não explica o aos quais não adere; e, sem avisar, muda de uma hipótese a outra.
>
> Se então procurarmos entendê-lo corretamente, temos de interpretá-lo com generosidade, com mais generosidade do que a dele ao interpretar Adam Smith. Quando as suas palavras são ambíguas,

devemos lhes dar a interpretação que outras passagens dos seus escritos indicam que ele lhes desejava dar.[12]

Assim, ele lhe atribui a "espera" como um elemento do custo da produção. Com o subtítulo "Ele corrige a antecipação de Malthus do mal-entendido de Marx", cita Ricardo:

> "O sr. Malthus parece pensar que a ideia de que o custo e o valor de uma coisa devem ser iguais faz parte da minha doutrina; e sim, desde que por custo ele se refira a 'custo de produção', inclusive os lucros. Na passagem acima, isso é o que ele não quer dizer e, portanto, não me entendeu claramente." E, entretanto, Rodbertus e Karl Marx recorrem à autoridade de Ricardo para afirmar que o valor natural das coisas consiste exclusivamente no trabalho gasto com elas; e mesmo os economistas alemães que combatem mais vigorosamente as conclusões desses autores admitem que eles interpretaram Ricardo corretamente e que as suas conclusões decorrem logicamente das dele.[13]

O episódio é um bom exemplo das relações entre a análise e a ideologia, mesmo porque ninguém se entusiasma muito com essas coisas atualmente e nós podemos encará-las com desprendimento.

Marshall tinha plena consciência de que Ricardo estava à procura apenas de uma medida de valor. No fim do apêndice do qual são tiradas as citações anteriores, ele escreve:

> Aqui se discutiu o primeiro capítulo de Ricardo somente com referência às causas que regem os valores de troca relativos de coisas

---

12 Marshall, A. *Principles*, p.813.
13 Marshall, loc. cit., p.816.

diferentes; porque a sua principal influência sobre pensamento subsequente seguiu nessa direção. Mas, originalmente, estavam associadas à controvérsia na medida em que o preço do trabalho oferece um bom padrão para medir o poder de compra geral do dinheiro.[14]

A mudança de raciocínio, da medida de *valor* a uma teoria da determinação dos preços relativos estava ligada à mudança do interesse pelo problema de Ricardo – as leis que regulam a distribuição do produto da terra entre as classes da comunidade – para o tema muito menos ardoroso dos preços relativos. Mas, sob a superfície, o problema da distribuição continuava a acalorar essa questão tépida. Fosse como fosse, a misteriosa emanação *valor* continuava a espreitar os preços relativos, conquanto agora fossem proclamados como se fossem meramente as taxas de câmbio entre as mercadorias; se se tratasse de creditar a determinação dos preços relativos unicamente ao trabalho, a ele de algum modo seria creditada a criação do *valor*, e se o trabalho o criou, certamente deveria tê-lo? A obstinada visão de Adam Smith, segundo a qual o proprietário e o mestre se intrometem à força e embolsam a sua parte, não será suficiente para uma geração mais pia. Deve-se permitir ao capital criar o valor que recebe. E assim contorna-se que o problema que incomodava Ricardo na sua busca de uma medida de *valor* – o fato de a proporção entre os lucros e os salários, nos preços de mercadorias diferentes, ter de variar com a proporção entre o capital e o trabalho para produzi-las – transformou-se em uma justificativa moral dos lucros e em uma resposta à visão insidiosa de que o trabalho deve receber o *valor* por ele criado.

---

14 Marshall, loc. cit., p.821.

2

MARSHALL SEMPRE SOUBE O QUE RICARDO realmente queria dizer, mas não entendeu Marx. O uso da teoria do valor-trabalho por parte deste último não era de modo algum a simples afirmação de que o trabalhador tem direito ao produto do seu trabalho. Pelo contrário, ele assevera que é precisamente a teoria do *valor* que explica a exploração.

Tal como os outros, Marx se sentiu obrigado a oferecer uma teoria dos preços relativos, mas, embora isso lhe parecesse essencial, podemos ver que é irrelevante para o ponto principal da sua argumentação.

No volume I do *Capital*, ele trata dos preços relativos na famosa passagem:

> Tomemos duas mercadorias, por exemplo, trigo e ferro. Qualquer que seja sua relação de troca, ela é sempre representável por uma equação em que uma dada quantidade de trigo é igualada a uma quantidade qualquer de ferro; por exemplo, 1 *quarter* de trigo = x quintais de ferro. O que essa equação nos diz? Diz que, em duas coisas diferentes – em 1 *quarter* de trigo e em x quintais de ferro –, existe em igual quantidades algo comum a ambas. As duas coisas devem, portanto, ser iguais a uma terceira coisa, que, em si mesma, não é nem uma nem a outra. Cada uma delas, na medida em que é valor de troca, deve, pois, ser redutível a essa terceira.

Esse "algo" comum não pode ser geométrico, químico nem qualquer outra propriedade natural das mercadorias. Tais propriedades só nos chamam a atenção na medida em que afetam a utilidade dessas mercadorias, transformando-as em valores de uso. Mas a troca de mercadorias é, evidentemente, um ato caracterizado pela abstração total do valor de uso.

Se nós desconsiderarmos o valor de uso das mercadorias, só lhes restará uma propriedade comum, a de ser produtos do trabalho. Mas até mesmo o produto do trabalho sofreu uma mudança nas nossas mãos. Se abstrairmos o seu valor de uso, abstraímos ao mesmo tempo os elementos materiais e as formas que tornam o produto um valor de uso, já não vemos nele uma mesa, uma casa, um fio ou qualquer outra coisa útil. A sua existência como uma coisa material torna-se invisível. Já não pode ser considerada como o produto do trabalho do marceneiro, do pedreiro, do fiandeiro ou de qualquer outro tipo de trabalho produtivo. Juntamente com as qualidades úteis dos próprios produtos, nós tornamos invisíveis tanto o caráter útil dos vários tipos de trabalho neles incorporados quanto as formas concretas desse trabalho; já não resta senão o que é comum a todos eles; tudo se reduziu a um e mesmo tipo de trabalho, o trabalho humano em abstrato...

Tudo quanto essas coisas agora nos dizem é que a força de trabalho humana se gastou ao produzi-las, que nelas o trabalho humano está incorporado. Quando vistos como cristais dessa substância social, comuns a todas elas, passam a ser: Valores.[15]

Ao contestar esta autora, descrevendo isso como "uma declaração puramente dogmática", Gerald Shove sustenta que se trata de um argumento.[16] Mas é difícil enxergar argumento nisso. Aqui, *valor* é coisa diferente de preço, que toma em conta o preço e, por

---

15 Marx, K. *Capital*. v.I, p.3-5.
16 Shove, G. Mrs. Robinson on Marxian Economics, *Economic Journal*, abr. 1944.

sua vez, tem de ser tomado em conta. E explicá-lo pelo tempo de trabalho é mera afirmação. Se definirmos *valor* como o tempo de trabalho necessário para produzir uma mercadoria e, a seguir, apresentarmos a proposição de que as mercadorias normalmente são trocadas a preços proporcionais a seus *valores* neste sentido, nós a reduzimos de afirmação metafísica a hipótese. Mas uma hipótese que seria perda de tempo testar, pois nós sabemos de antemão, e Marx também sabe, que ela não é exata.

Essa teoria dos preços não é um mito como a história dos castores e cervos de Adam Smith. Nem pretendia ser uma contribuição original para a ciência. Era simplesmente um dogma ortodoxo. Ricardo assumiu a fusão da ideia de trabalho como medida de valor com a de trabalho como causa de valor, e, como se vê na sua última obra, que Marx não chegou a ler, isso não foi um mal-entendido; estava muito próximo do modo como o próprio Ricardo o via.

A finalidade da discussão era bem outra. Aceitando o dogma segundo o qual todas as coisas são trocadas a preços proporcionais ao seu *valor*, Marx o aplica à força de trabalho. Essa é a dica que explica o capitalismo. O trabalhador recebe o seu *valor*, o seu custo, em termos de tempo de trabalho, e o empregador o usa para que produza mais *valor* do que ele custa. O custo do trabalhador é um salário de subsistência. (Este não é um simples mínimo fisiológico, mas contém um "elemento histórico e moral" dependendo do padrão de vida no momento em que "se forma a classe do trabalho livre.")[17] Marx não acusa o capitalismo como faziam os idealistas ingênuos que tratavam a exploração como um roubo. Pelo

---

17 Marx, K. *Capital*. v.l, p.150.

contrário, com uma espécie de sarcasmo lógico, ele defende o capitalismo. Não há nenhuma fraude – tudo é trocado pelo seu *valor*, como é certo e justo. O montante devido ao trabalhador não é o *valor* que ele produz, e sim o *valor* que ele custa.

Nesse plano, toda a argumentação parece ser metafísica; oferece um exemplo típico de como as ideias metafísicas operam. Logicamente, ela não passa de uma lengalenga de palavras, mas, para Marx, foi uma inundação de iluminação e, para os marxistas modernos, uma fonte de inspiração.

Ideologicamente, é um veneno muito mais forte que um ataque direto à injustiça. O sistema não é injusto dentro das suas próprias regras. Por isso mesmo a reforma é impossível; não há o que fazer a não ser derrubar o próprio sistema.

No plano científico, oferece a base de uma abordagem da análise do capitalismo.

Marx havia aprendido com Ricardo o truque de organizar o que atualmente chamamos de modelo – instaurando as suposições e tirando as conclusões. Ele respaldou o seu dogma acerca do *valor* da força de trabalho com um argumento analítico.

O capitalismo primeiro recruta os trabalhadores de que precisa, arruinando o camponês e o artesão. O padrão de vida prevalecente quando "se forma a classe do trabalho livre" define o nível dos salários reais. O excedente da produção sobre os salários pertence aos capitalistas. Isso não é mais-*valia* metafísica; é um excedente concreto de bens, sobretudo de bens-salário. Os capitalistas usam o excedente retirado da produção de um conjunto de trabalhadores para empregar outros – alguns para suprir as suas próprias necessidades e a dos seus parasitas; e alguns, a maior parte, para acumular mais capital do qual extrair mais excedente. A força de trabalho aumenta o tempo todo (uma suposição óbvia a se fazer naquele período) e há um exército de reserva de trabalhadores potenciais desempregados. Isso propicia um mecanismo que evita que os salários reais aumentem permanentemente acima do nível no qual começaram. Quando o capital se acumula rapidamente a ponto de reduzir a reserva de mão de obra, o nível de salários reais aumenta e o excedente por homem empregado diminui. A acumulação se desacelera. (Aqui há um ponto fraco na argumentação de Marx, pois uma teoria do ciclo econômico de uma falha no incentivo para investir quando os futuros lucros esperados parecem baixos se confunde com o fluxo reduzido de recursos quando os lucros realizados no passado foram baixos.) Não só a redução dos lucros desacelera a acumulação, de modo que a oferta de trabalho se antecipe, como os salários altos induzem a introdução de medidas de economia de mão de obra. O crescimento natural, agora à frente do ritmo vagaroso da acumulação, somado ao desemprego tecnológico, reabastece o exército de reserva e os salários reais voltam a cair.

Aqui a teoria metafísica se transformou em uma hipótese científica – a hipótese de que, no capitalismo, as taxas de salário real não sobem. Pareceu muito plausível na época, mas se revelou errônea. Esta é, de fato, a prova do seu *status* científico. Uma crença metafísica, como na *lei do valor*, não pode estar equivocada e esse é o sinal de que nada se pode aprender com ela.

Por motivos óbvios, foi o elemento dogmático do marxismo, não o científico, que sustentou um grande movimento histórico e floresceu como ideologia ortodoxa. O elemento científico atrofiou-se, pois a ciência progride por tentativa e erro, e quando é proibido admitir o erro, não pode haver progresso. Até hoje os marxistas preferem negar que o capitalismo haja elevado o padrão de vida dos trabalhadores ou então negar que Marx tenha previsto que não o faria, optando por sacrificar o elemento científico no desenvolvimento do seu pensamento a fim de reforçar o elemento dogmático.

Os antimarxistas tampouco se deram bem: nos seus ataques a Marx, também se concentraram na metafísica; fixaram-se sobretudo na teoria dos preços relativos como o ponto mais fácil para marcar bons resultados.

Marx elaborou a sua teria dos preços relativos para que fosse difundida de modo bem diferente do simples dogma do volume I do *Capital*. Os marxistas leais muito se ressentem da sugestão de que haja alguma inconsistência entre as versões do volume I e do volume III, e quanto ao próprio Marx, é mais justo encará-la como uma modificação, não como uma inconsistência. No volume I, ele diz que os preços normais das mercadorias são proporcionais ao seu *valor*, e no volume III, que isso só é válido no caso das mercadorias que porventura exijam a razão média geral do capital por homem empregado (traduzido para a terminologia acadêmica). Em todo caso, Marx nunca chegou a dar ao resto das suas ideias uma forma coerente, integrada, como no volume I, e não as publicou. Não é justo acusar quem quer que seja de inconsistência em uma obra inacabada. Foi Engels que anunciou que o terceiro volume conteria uma reconciliação entre a Lei do Valor e a igualdade da taxa de lucro em linhas de produção com diferentes razões de capital e trabalho. Louvou muito o fato e abriu o que Böhm-Bawerk chamou ironicamente de concurso de ensaios para soluções sugeridas.[18] Quando o volume III finalmente foi publicado, não havia absolutamente nenhuma solução, apenas, fantasiado de ladainha, o lugar-comum que os preços cobrem os custos de produção, inclusive os lucros normais do capital em questão.

Böhm-Bawerk adorou a oportunidade de exercitar o seu engenho às custas de Marx, e desde então, os economistas acadêmicos sentem um grande alívio por poder dizer aos alunos que o sistema de Marx se alicerça em uma simples confusão. Além disso, os marxistas se defenderam com argumentos excessivamente implausíveis. Mas, fosse como fosse, a teoria de Marx não dependia disso em nenhum item fundamental. A essência dela, no seu aspecto metafísico, referia-se ao *valor* da força de trabalho; no seu aspecto científico, à participação dos salários no produto da indústria; isso ficou completamente intocado tanto pelos alegres gracejos de Böhm quanto pelas túrgidas respostas dos seus próprios defensores.

A coisa toda, considerada em termos analíticos, foi um grande rebuliço por conta de nada. Para a análise dos preços relativos, nós realmente não podemos fazer coisa melhor do que a teoria simplória de Adam Smith.[19] O desenvolvimento geral de uma economia determina o nível geral dos salários, dos juros, dos lucros e da renda (é aqui que se acham todas as questões mais interessantes). Em cada mercadoria, o preço normal é regido pelos seus custos de produção nessa base (exceção feita, como Adam Smith tem o cuidado de fazer, ao monopólio e às escassezes naturais), porque toda

---

18 Von Böhm-Bawerk, E. *Karl Marx and the Close of his System*. (Este título em inglês é uma tradução incorreta. Böhm queria dizer a conclusão da análise.)
19 Cf. anteriormente, p. 55-56.

indústria tem de ser capaz de pagar seus fatores de produção mais ou menos na mesma proporção que todas as demais.

No tocante ao funcionamento geral das indústrias manufatureiras (pelo menos até agora – a automação pode trazer uma mudança de ênfase), o elemento predominante que determina as diferenças de custo é a produção por homem-hora de mão de obra empregada. A diferença de preço entre uma xícara de chá e um automóvel, ou mesmo entre um Austin e um Rolls Royce, deve ser explicada mormente pelas diferenças da massa salarial que afeta a produção de uma unidade de cada. (Foi essa "teoria do valor dos salários", novamente projetada nas condições primitivas, que originou a mítica teoria do valor do trabalho de Adam Smith.)

Isso não vale para as mercadorias naturais (embora Marx nunca o admitisse). A diferença de preço entre uma tonelada de platina e uma tonelada de chumbo é muito maior do que o inverso das diferenças na produção *per capita*; tal como a diferença de preço entre meio quilo de uvas e meio quilo de groselha.

Mas decerto todos concordariam que, na indústria manufatureira, as diferenças de preço são, por um lado, mais ou menos proporcionais ao custo do trabalho e, por outro, não tão exatamente proporcionais assim devido às diferenças dos graus do trabalho empregado, do capital por homem e da escala em que se deve investir. Por que tanta algazarra? Qualquer teoria razoável dos preços relativos não resulta mais ou menos na mesma coisa? Certamente sim se ela for razoável; a polêmica não estava e não está no plano da razão. São as conotações ideológicas que causam todos os problemas.

Naturalmente, ninguém tem consciência da sua própria ideologia, assim como não pode cheirar o seu próprio hálito. Marx, em particular, sentia-se perfeitamente científico e reprovava vigorosamente o tipo de socialismo idealista que depende de sentimento moral. A sua análise mostrava o capitalismo como uma etapa necessária do desenvolvimento econômico, necessária para amadurecer a força produtiva do trabalho social, que não pode e não deve ser derrubada antes que tenha cumprido a sua missão histórica. Entrementes, os capitalistas são tão servos do sistema quanto qualquer outra pessoa. O empresário inovador de Schumpeter, o benfeitor da humanidade, é o mesmíssimo personagem Moneybags [Ricaço] de Marx. Só os adjetivos são diferentes. Porque Marx, claro está, detestava a barriga do ricaço. Cada palavra por ele escrita está saturada de indignação moral e marxismo, na sua forma original (como o cristianismo), tinha o apelo da causa do desvalido. Tal como o cristianismo, a roda do tempo o transformou em um credo para a elite do poder, coisa que muito lhe enfraqueceu o apelo moral.

3

E AS APLICAÇÕES PRÁTICAS DA TEORIA? Como a *lei do valor*, que foi concebida para penetrar os disfarces do capitalismo, acaba se transformando em uma economia socialista?

Em primeiro lugar, o valor do trabalho como unidade de medida da renda nacional é absolutamente inútil. Não podemos estimar o *valor* total dos bens produzidos em um ano simplesmente somando as horas de trabalho que neles entraram.

Para começar, há o problema de distinguir o trabalho produtivo do improdutivo. Isso remonta a Adam Smith:

Há um tipo de trabalho que aumenta o valor do material ao qual é aplicado; há outro que não tem esse efeito. O primeiro, que produz valor, pode ser chamado de trabalho produtivo, o segundo, de improdutivo. Assim, o trabalho de um operário geralmente aumenta o valor do material com o qual trabalha, o da sua própria manutenção e o lucro do patrão. O trabalho de um empregado doméstico, pelo contrário, não acrescenta valor a nada. Embora tenha aumento de salário, o operário na realidade não dá nenhuma despesa ao patrão, uma vez que o valor desse salário geralmente é restaurado, juntamente com um lucro, no valor acrescido do material ao qual o seu trabalho é aplicado. Mas a manutenção de um empregado doméstico nunca é restaurada.

O trabalho de algumas das ordens mais respeitáveis da sociedade, tal como o do empregado doméstico, não produz valor algum e não se fixa ou realiza em nenhum objeto permanente ou mercadoria vendável, que dura até depois que o trabalho terminou, e para o qual posteriormente se poderia obter uma quantidade igual de trabalho. O soberano, por exemplo, com todos os funcionários tanto da justiça quanto da guerra e que trabalham sob o seu comando, assim como todo o exército e a marinha, são trabalhadores improdutivos. São servidores públicos mantidos por uma parte da produção anual da indústria de outras pessoas. O seu trabalho, por honrável, útil e necessário que seja, não produz nada em troca do qual uma quantidade igual de trabalho possa ser adquirida posteriormente. A proteção, a segurança e a defesa da Comunidade Britânica, o efeito do seu trabalho neste ano, não comprarão a sua proteção, segurança e defesa no ano que vem. Devem-se incluir na mesma classe algumas das profissões mais sérias e mais importantes, bem como algumas das ocupações mais frívolas; clérigos, advogados, médicos, homens de letras de todos os tipos, jogadores, bufões, músicos, cantores de ópera, bailarinos de ópera etc. O trabalho dos mais humildes entre eles tem certo valor, regulado pelos mesmos princípios que regulam o de qualquer outro tipo de trabalho; e o dos mais nobres e mais úteis não produz nada que depois possa comprar ou obter uma quantidade igual de trabalho. Como a declamação do ator, a arenga do orador ou a melodia do músico, o trabalho de todos eles perece no próprio instante da sua produção.[20]

Adam Smith tateia à cata de um conceito de trabalho que contribua para o processo de acumulação. Marx assumiu a diferença entre trabalho produtivo e improdutivo. Inclui o transporte como produtivo, mas exclui o comércio. Na prática, ao calcular a renda nacional dos países socialistas, a linha parece ser traçada entre as mercadorias físicas e os serviços. Assim, um chapéu faz parte da renda nacional, mas um penteado não. Pode haver ótimos motivos práticos para esse procedimento. O crescimento da produtividade pode ser medido muito mais facilmente quando há uma produção física (embora as diferenças de qualidade sejam difíceis de captar), ao passo que os serviços só podem ser avaliados pelo que custam. Mas, do ponto de vista filosófico, a diferença entre o trabalho criador de *valor* e o resto não é muito fácil de entender.

A segunda dificuldade diz respeito à qualidade dos trabalhadores. Como descobrir quanto *trabalho abstrato* está contido em uma hora de trabalho de um engenheiro qualificado? Não é legítimo usar os salários relativos de diferentes graus de trabalhadores para avaliar as diversas quantidades de *valor* que eles acrescentam a um produto; as diferenças de salários devem medir as diferenças de *valores* da força de trabalho, ou seja, o custo de sustentar e treinar os trabalhadores, não as diferenças de *valor* criado.

A dificuldade seguinte está no fato de o *valor* ser o produto não das horas de trabalho realmente gastas em um emprego, e sim do

---

[20] Smith, A. *Wealth of Nations*, v.I, p.294.

tempo de trabalho socialmente necessário. Marx teve o cuidado de evitar o argumento absurdo de que os produtos de um trabalhador lerdo contêm mais *valor* do que os de um trabalhador eficiente. O progresso técnico e a acumulação de bens de capital reduzem o *valor* de determinadas mercadorias, e quando ainda se usam métodos obsoletos lado a lado com técnicas superiores ou quando alguns grupos de trabalhadores usam mais equipamento mecânico do que os outros e, ao mesmo tempo, alguns são mais eficientes que os outros no interior de cada grupo, como podemos calcular o número exato do *tempo de trabalho socialmente necessário* em cada ramo da produção?

Por fim, o *valor* da produção de um ano não é apenas o trabalho empregado durante o ano, mas também o *valor* cedido pelos bens de capital em que o tempo de trabalho foi incorporado no passado. Isso introduz no argumento todas as questões notoriamente desconcertantes atinentes à depreciação da fábrica e à avaliação dos estoques.

Mas se todas essas dificuldades pudessem ser superadas de um modo ou de outro, a unidade de valor continuaria ociosa, pois não mede o que interessa aos medidores. A produtividade e o crescimento da renda nacional são concebidos como fluxos da produção de bens; são justamente as mudanças na produção física por homem hora que devem ser observadas. Em termos de *valor*, uma hora é uma hora. Uma quantidade constante de tempo de trabalho produz o mesmo *valor* ano após ano. Mas que importa? O que nós queremos saber é quanta *coisa* ela produz.

Na prática, os economistas socialistas têm de totalizar suas rendas nacionais em termos monetários e enfrentam os mesmos problemas com os números de índice, os mesmos quebra-cabeças de custo histórico *versus* custo de reposição, a mesma tentação de fazer com que os números signifiquem mais do que podem, tal como os seus colegas capitalistas. A teoria do *valor* não os ajuda em nada.

Como teoria dos salários reais, o *valor* da força de trabalho obviamente não tem lugar em uma economia socialista. O plano que regula a produção não almeja extrair um excedente para o seu próprio bem, mas visa obter o que for necessário para financiar o investimento, a defesa, os serviços sociais e as despesas gerais da sociedade. Uma teoria keynesiana de salários reais é a mais adequada, já que a relação dos preços com os salários monetários é regulada pela relação entre o investimento e o consumo.

Ao mesmo tempo, a economia socialista se orgulha de mostrar uma taxa de acumulação mais rápida que a de qualquer economia capitalista. Ter rotulado recursos que podem ser investidos de "exploração" e "trabalho não pago" é um tanto constrangedor. Alegar que os capitalistas extraem excedente para o seu próprio benefício, ao passo que que os planejadores sociais se preocupam com o bem da sociedade é argumentar no plano moral; considerados objetivamente, os capitalistas no esquema de Marx constituíam um órgão da sociedade cuja função era garantir a acumulação, assim como os planejadores socialistas. Como diz Keynes: "Tal como as abelhas, eles pouparam e acumularam, não menos para o benefício de toda a comunidade porque eles próprios tinham em perspectiva fins mais limitados".[21] Como vemos atualmente no Sudeste

---

21 Keynes, J. M. *Economic Consequences of the Peace*, p.16.

Asiático ou no Caribe, a miséria de ser explorado pelos capitalistas não é nada em comparação com a miséria de não ser explorado de modo algum. Aqui a *lei do valor* desenvolve uma espécie de estrabismo que nos deixa profundamente confusos.

E quanto aos preços relativos? Tornar os preços das mercadorias vendidas nas lojas proporcionais ao seu *valor* requereria coletar o fundo de investimento etc., mediante um imposto uniforme sobre a massa salarial, e permitir que os preços cobrissem os custos, inclusive o do imposto. Há bons motivos para recomendar tal sistema, apesar de que ele teria que ser modificado a fim de acomodar os preços às condições de oferta e procura, pois os *valores* só corresponderiam aos preços da demanda quando todas as carências particulares tivessem sido superadas de modo que cada mercadoria individualmente estivesse em oferta perfeitamente elástica. Não se tentou nenhum sistema de preços de tal sorte, e nada indica que na teoria socialista haja uma clara doutrina referente aos preços relativos. O manual de *Economia política* limita-se a dizer que "se leva em conta o funcionamento da lei do valor no planejamento dos preços";[22] mas não explica como.

O manual enfatiza muito a distinção entre os dois tipos de produção existentes na União Soviética: a produção plenamente socialista na indústria, na qual a totalidade dos meios de produção é propriedade do Estado e os trabalhadores recebem salários; e a produção cooperativa na maior parte da agricultura, na qual quase todos os meios de produção são propriedade da cooperativa e os trabalhadores recebem uma participação na produção.

---

22 Keynes, op. cit., p.591.

Como é possível extrair os preços das mercadorias agrícolas dos seus *valores*? Isso nunca se explicou. Presumivelmente, em uma fazenda coletiva, o procedimento correto consiste em avaliar vários empregos de modo que um dia de trabalho seja aproximadamente tão difícil de ganhar em um quanto no outro. Mas para o colcoz como um todo, o retorno monetário por um dia de trabalho depende dos preços que ele recebe pela sua produção; eles são parcialmente fixados pelas autoridades e parcialmente sujeitos aos caprichos da oferta e da demanda no mercado livre. É o *valor* que determina os preços ou são os preços que determinam os *valores*?

Entre os vários significados de *valor*, há um que tem passado muito tempo sob a superfície, o antigo conceito de Preço Justo – o princípio que levou os caçadores de Adam Smith a trocarem a sua caça com base no tempo que cada espécie normalmente leva para ser abatida. Este é o significado desejado aqui. Os preços devem ser tais (sujeitos à conveniência política) que um dia de trabalho no campo e na cidade gerem aproximadamente a mesma renda. Porém, mesmo quando se admite tal coisa como um ideal, ainda resta o problema de calcular o que se deve considerar uma renda equivalente para indivíduos que levam tipos de vida bem diferentes em ambientes diferentes. O *valor* não prestará nenhuma ajuda. Falta-lhe conteúdo operacional. Não passa de uma palavra.

3
Os neoclássicos: utilidade

ENQUANTO ISSO, O CAMPO ORTODOXO varreu a teoria do trabalho, com o seu cheiro desagradável, e deu lugar à *utilidade*.

1

UTILIDADE É UM CONCEITO METAFÍSICO de circularidade inexpugnável; *utilidade* é a qualidade das mercadorias que faz com que os indivíduos queiram comprá-las, e o fato de os indivíduos quererem comprar mercadorias mostra que elas têm *utilidade*.

Ela entrou em voga primeiramente em conexão com a teoria dos preços relativos. Pretendendo ser uma quantidade, é possível se referir a ela em termos de total, de média e de marginal, e assim é usada para explicar o antigo quebra-cabeça da água e os diamantes. A utilidade total da água é indefinidamente grande, já que a própria vida dela depende. Quando têm tudo que precisam, os indivíduos não se dispõem a pagar mais nada. Em Áden, porém, onde a água é escassa, ela tem um preço, e a quantidade que um indivíduo consome se reduz ao montante cuja *utilidade marginal* é igual a esse preço. Como podemos saber? Tem de ser assim, pois o preço é a medida da *utilidade marginal*.

Foi essa ideia que ocorreu a Jevons com a força da iluminação. "Nos últimos meses, eu felizmente dei com uma coisa que, sem dúvida, é a verdadeira *Teoria da Economia*, tão completa e consistente que agora não consigo ler sem indignação outros livros sobre o assunto."[1]

Marshall a descobrira de forma independente em conexão com a ideia do excedente do consumidor.[2] Quando ela aparece na versão final dos seus *Princípios de Economia*, ele a havia abarrotado de qualificações:

> A Utilidade é considerada correlata de Desejo ou Necessidade. Já se argumentou que não é possível medir os desejos diretamente, mas só indiretamente pelos fenômenos externos aos quais eles dão origem: e que, nos casos que dizem respeito principalmente à economia, encontra-se a medida no preço que uma pessoa está disposta a pagar pela realização ou satisfação do seu desejo. Ela pode ter desejos e aspirações que não são conscientemente assentados para nenhuma satisfação: mas, por ora, estamos interessados mormente por aqueles que pedem satisfação; e presumimos que, em geral, a satisfação resultante corresponde muito bem à que se antecipou quando se fez a compra.

---

[1] Jevons, W. S. *Letters and Journals*, p.151.
[2] Marshall, A. *Pure Theory of Domestic Values*.

Há uma infinita variedade de desejos, mas há um limite para cada desejo separado. Assim se pode manifestar essa tendência familiar e fundamental da natureza humana na *lei dos desejos saciáveis ou da utilidade decrescente*: a *utilidade total* de uma coisa para qualquer um (isto é, o prazer total ou outro benefício que ela lhe proporciona) aumenta a cada aumento do seu estoque dessa coisa, mas não na velocidade em que o estoque aumenta. Se o seu estoque aumentar em uma taxa uniforme, o benefício derivado aumentará em uma taxa decrescente. Em outras palavras, o benefício adicional que uma pessoa obtém de determinado aumento do seu estoque de uma coisa diminui a cada aumento do estoque que ele já tem. [...]

Nunca é demais insistir em que é impossível ou mesmo inconcebível medir diretamente, ou *per se*, os desejos ou a satisfação que resulta da sua realização. Se pudéssemos, teríamos duas contas que fazer, uma de desejos e outra de satisfações realizadas. E as duas haveriam de ser consideravelmente diferentes. Pois, para não falar nas aspirações mais elevadas, alguns daqueles desejos pelos quais a economia muito se interessa, e especialmente os ligados à emulação, são impulsivos; muitos resultam da força do hábito; alguns são mórbidos e levam unicamente à dor; e muitos se baseiam em expectativas que nunca se cumprem. [...] Naturalmente, muitas satisfações não são prazeres comuns, pertencem ao desenvolvimento da natureza superior do homem ou, recorrendo a uma boa palavra antiga, à sua *beatificação*; e algumas podem resultar parcialmente da abnegação. [...] As duas medições diretas podem diferir. Mas como nenhuma delas é possível, só nos resta lançar mão da medição que a economia fornece, do motivo ou força motriz para a ação: e fazemos com que sirva, com todas as suas falhas, *tanto* para os desejos que instigam as atividades *quanto* para as satisfações que deles resultam.[3]

---

3 Marshall, A. *Principles*, p.92-5.

O preço mede o desejo, não a satisfação, ainda que não se possa excluir a ideia de satisfação. A *utilidade* é uma Coisa Boa; a meta e o propósito da vida econômica são obter o máximo de *utilidade* possível. E, colocada em um diagrama, ela se parece muito com uma quantidade mensurável.

Antes de prosseguir, temos de observar com tristeza que todos os refinamentos modernos desse conceito não o livraram da metafísica. Atualmente, dizem que, como, não pode ser medida, a *utilidade* não é um conceito operacional, e que se deveria colocar no seu lugar a "preferência revelada". O comportamento observável no mercado mostrará o que um indivíduo escolhe. Preferência é justamente o que o indivíduo em questão prefere; não há nenhum juízo de valor envolvido. Todavia, como prossegue o argumento, é claro que ter o que prefere é uma Coisa Boa para o indivíduo. Essa, pode-se afirmar, não é uma questão de satisfação e sim de liberdade: nós queremos que ele tenha o que prefere para evitar ser obrigado a restringir o seu comportamento.

Mas os viciados em drogas precisam ser curados; as crianças têm de ir à escola. Como decidir quais preferências devem ser respeitadas e quais reprimidas, a não ser que julguemos as próprias preferências em si?

É para nós totalmente impossível cometer essa violência contra a nossa própria natureza a fim de nos abstermos de juízos de valor.

De mais a mais, simplesmente não é verdade que o comportamento no mercado possa revelar as preferências. Não é apenas que o experimento de oferecer a um indivíduo pacotes alternativos de bens ou alterar a sua renda só para ver o que ele passa a comprar jamais poderia ser levado a cabo na prática. A objeção é lógica, não só prática.

Como diz Marshall:

> Há, porém, uma condição implícita nessa lei [a lei da utilidade marginal decrescente] que deve ser esclarecida: é preciso admitir que o tempo não pode produzir nenhuma alteração no caráter ou no gosto do homem. Portanto, isso não constitui uma exceção à lei segundo a qual quanto melhor for a música que ele escutar, mais forte se tornará o seu gosto por ela; que a avareza e a ambição costumam ser insaciáveis; ou que a virtude da limpeza e o vício da embriaguez crescem igualmente à medida que são praticados. Pois, em tais casos, a nossa observação se estende a certo período, e a pessoa não é a mesma no fim desse período. Se tomarmos um homem tal como é, sem admitir que houve tempo para alguma mudança no seu caráter, a utilidade marginal de uma coisa para ele diminuirá constantemente com todo aumento do suprimento dessa coisa que estiver ao seu dispor.[4]

Podemos observar a reação de um indivíduo a dois diferentes conjuntos de preços em apenas duas ocasiões diversas. Como saber qual parte da diferença nas suas compras se deve à diferença dos preços e qual parte é consequência da mudança de preferências ocorrida nesse meio-tempo? Por certo, não temos a presunção de que o seu caráter *não* tenha mudado, pois o sabonete e o uísque não são os únicos bens que costumam afetar os gostos. Praticamente tudo desenvolve ou uma inércia de hábito ou um desejo de mudança.

Temos uma equação para duas incógnitas. A não ser que possamos obter uma evidência independente acerca das preferências,

---

4 Ibidem, p.94.

o experimento não serve de nada. Mas era esse o experimento do qual dependeríamos para observar as preferências.

Essa não é a única dificuldade. Para Jevons e para Marshall nos seus momentos menos cautelosos, o consumidor é "um homem", um Robinson Crusoe, um indivíduo com o seu equipamento de desejos e gostos tenso, impermeável e isolado. Quando nós admitimos a influência da sociedade, dos Jones, da publicidade sobre a escala de preferências do indivíduo, o problema de enquadrar o experimento se torna um verdadeiro tormento. Pior ainda, quando reconhecemos que o consumo de um homem é capaz de reduzir o bem-estar dos outros – uma consideração que a existência dos automóveis uns dos outros nos impõe dolorosamente – nós começamos a duvidar de que as preferências sejam o que realmente preferimos. Deixemos esse corte lógico e retornemos à *utilidade* – um conceito metafísico, uma mera palavra desprovida de conteúdo científico, mas que exprime um ponto de vista.

O conteúdo ideológico da abordagem utilitária dos preços tinha, curiosamente, dois gumes, como indicou Gunnar Myrdal.[5]

A partir de certo ângulo, era muito mais humano do que a teoria clássica. Pela primeira vez incluíram-se os salários na riqueza da nação. Adam Smith gostava de pensar em trabalhadores desfrutando de "afluência", mas, basicamente, os salários eram um custo para ele, e uma nação que alcançasse o mais alto grau de opulência seria aquela em que a mão de obra fosse barata.[6] Também para Ricardo riqueza significava acumulação. Para os neoclássicos, a

---

5 Palestras ministradas em Cambridge em 1950. Ver também *The Political Element in the Development of Economic Theory*.
6 Smith, A. *Wealth of Nations*, v.I, p.84.

utilidade dos bens consumidos pelos trabalhadores não era diferente de nenhuma outra. Wicksell foi claro neste ponto:

> Logo que começamos a refletir sobre os fenômenos econômicos *como um todo* e a procurar as condições de bem-estar do todo, deve surgir a consideração pelos interesses do proletariado; e daí para a proclamação de direitos iguais para todos é apenas um breve passo.
>
> O próprio conceito de economia política, portanto, ou a existência de uma ciência com esse nome implica, falando rigorosamente, um programa completamente revolucionário. Não surpreende que o conceito seja vago, pois isso acontece muitas vezes com um programa revolucionário. A verdade é que muitos problemas práticos e teóricos ainda precisam ser resolvidos antes que se possa entender claramente a meta do desenvolvimento econômico ou social. Ainda se pode dizer alguma coisa a favor do ponto de vista mais antigo, mas, em todo caso, ela deve ser direta e sem tergiversação. Se, por exemplo, encararmos as classes trabalhadoras como seres inferiores ou se, sem ir tão longe, as considerarmos ainda despreparadas para participar plenamente do produto da sociedade, devemos dizê-lo claramente e basear o nosso raciocínio futuro nessa opinião. Somente uma coisa não é digna da ciência: ocultar ou perverter a verdade, isto é, neste caso, para representar a posição como se aquelas classes já tivessem recebido tudo e pudessem razoavelmente desejar ou esperar, ou confiar em crenças infundadas e otimistas de que os desenvolvimentos econômicos em si tendem à maior satisfação possível de todos.[7]

Não só isso, mas a doutrina da utilidade marginal decrescente aplicada à própria renda. Como diz Marshall:

---

7 Wicksell, K. *Lectures on Political Economy*, v.I, p.4.

Para uma pessoa pagar determinado preço por uma coisa, o motivo terá de ser mais forte no caso de uma pessoa pobre do que de uma rica. Um xelim representa menos prazer ou satisfação de qualquer gênero para um rico do que para um pobre. Um homem rico em dúvida sobre se gasta um xelim em um único charuto compara entre si prazeres mais fracos dos que os contemplados por um homem pobre que vacila em gastar um xelim em uma provisão de fumo que durará um mês. Um empregado que ganha cem libras por ano prefere ir a pé ao escritório em um dia de chuva forte, ao passo que o empregado de trezentas libras evita um mero chuvisco, porque o preço da passagem de ônibus ou de bonde representa mais para o pobre do que para o rico. Se o pobre gastar o dinheiro da passagem, a falta que lhe fará será maior do que no caso do rico. O prazer que esse dinheiro representa no espírito do mais pobre é maior do que representaria no espírito do rico.[8]

Isso aponta para princípios igualitários, justifica os Sindicatos, a Tributação Progressiva e o Estado de Bem-Estar Social, se não para meios mais radicais de interferir em um sistema econômico que permite que tanto do bom suco da utilidade se evapore das mercadorias ao distribuí-las desigualmente.

Mas, por outro lado, todo o objetivo da utilidade era justificar o *laissez-faire*. Cada um deve ser livre para gastar a sua renda como quiser e obterá o maior benefício quando igualar a utilidade marginal de um xelim gasto em cada tipo de bem. A busca do lucro, em condições de concorrência perfeita, leva os produtores a igualar os custos aos preços, e a máxima satisfação possível é extraída dos recursos disponíveis.

---

8 Marshall, A. *Principles*, p.19.

Essa é uma ideologia para acabar com as ideologias, pois aboliu o problema moral. Basta que cada indivíduo aja egoisticamente para que se alcance o bem de todos.

Essa concepção remete deveras a Adam Smith (talvez a Adão). A tese central de *A riqueza das nações* é:

> O esforço natural que cada homem faz continuamente para melhorar a sua própria condição é um princípio de preservação capaz de prevenir e corrigir, em muitos aspectos, os efeitos negativos de uma política econômica, em certo grau parcial e opressiva. Tal economia política, ainda que o retarde mais ou menos, não consegue interromper totalmente o progresso natural de uma nação rumo à riqueza e à prosperidade.[9]

Em outra passagem:

> Não é da benevolência do açougueiro, do cervejeiro ou do padeiro que esperamos o nosso jantar, mas da preocupação pelo seu interesse. Nós nos dirigimos não à sua humanidade, e sim ao seu amor-próprio, e nunca lhes falamos das nossas necessidades, e sim das vantagens deles. Ninguém a não ser o mendigo escolhe depender principalmente da generosidade dos seus concidadãos.[10]

Adam Smith não acha particularmente admirável a "natural propensão da natureza humana [...] a comerciar, barganhar e trocar uma coisa por outra";[11] uma nota de cavalheiresca aversão matiza com frequência o seu tom – mas aí está, esse é o fundamento da

---

9 Smith, A. *Wealth of Nations*, v.I, p.4.
10 Ibidem, v.I, p.13.
11 Ibidem, p.12.

prosperidade nacional, e só precisa ser libertado de restrições para florescer em plena perfeição. (Possivelmente era porque ele realmente não podia responder que Mandeville o irritava.)

Os neoclássicos levaram isso ao extremo e houve até quem negasse que cabia à autoridade decidir se o trânsito devia se manter à direita ou à esquerda.

Claro está que uma fé tão pura é rara; a maior parte dos autores tinha dúvidas neste ou naquele ponto. Walras se acreditava socialista, e Marshall na juventude teve uma tendência nesse sentido. Foram os escritos dos socialistas que lhe deram asco.[12]

Wicksell compreendeu a coisa toda. Walras, observa ele, se propôs a apresentar uma prova rigorosa da vaga doutrina dos clássicos.

> É necessário provar que a livre concorrência proporciona o máximo de utilidade. E, na verdade, essa visão foi o ponto de partida do seu próprio trabalho em economia. No entanto, é quase trágico que Walras, que geralmente era tão perspicaz e lúcido, imaginasse que havia encontrado a prova rigorosa de que careciam os defensores contemporâneos do livre dogma comercial, simplesmente porque deu ares de fórmula matemática aos próprios argumentos que ele considerava insuficientes quando expressos em linguagem comum.[13]

A distinção de Pigou entre produtos da rede privada e da rede social abriu uma espaçosa brecha pela qual as exceções podiam entrar em massa.

---

12 Ver p. 87-88.
13 Wicksell, K. *Lectures on Political Economy*, p. 74.

Mesmo assim, a ênfase geral estava em grande medida do lado do *laissez-faire*.

Como era possível manter os dois lados da doutrina separados – o programa totalmente revolucionário indicado pela teoria da *utilidade* e a ideologia totalmente conservadora do *laissez-faire*?

Em primeiro lugar, temos de perceber que, embora logicamente a tarefa apresente dificuldades insuperáveis, no plano teológico era de fato bastante fácil. Os alunos dos economistas, ainda que não fossem donos de grandes posses, geralmente pertenciam a segmentos da sociedade que não perdiam por conta da desigualdade. Os que tinham tendências socialistas em geral rejeitavam todo o assunto como uma impostura, de qualquer forma. Os alunos da disciplina estavam prontos para deixar que lhes acalmassem a consciência social.

O método pelo qual se esterilizou o elemento igualitário da doutrina consistiu principalmente em resvalar da *utilidade* para a produção física como objeto a ser maximizado. Um total menor de bens físicos distribuídos igualmente pode render mais *utilidade* do que um total muito maior distribuído desigualmente, mas se ficarmos de olho no total de bens, é fácil esquecer a *utilidade*. Marshall se curou das suas tendências socialistas levando em consideração a renda nacional física.

> Eu desenvolvi uma tendência ao socialismo, que o ensaio de Mill na *Fortnightly Review* de 1879 revigorou. Assim, durante mais de uma década permaneci convencido de que as sugestões que se associavam à palavra "socialismo" eram os mais importantes objetos de estudo, se não no mundo, pelo menos para mim. Mas os escritos dos socialistas geralmente me repugnavam, quase tanto quanto

me atraíam; porque pareciam sem nenhum contato com a realidade: em parte por esse motivo, decidi falar pouco no assunto, até que eu tivesse pensado muito mais a respeito.

Agora que a velhice indica que já quase não me resta tempo para pensar e falar, eu vejo em toda parte desenvolvimentos maravilhosos da capacidade da classe trabalhadora: e, em parte em consequência, uma base mais ampla e mais firme para os projetos socialistas do que havia quando Mill escreveu. Mas nenhum projeto socialista, por avançado que seja, parece fazer provisão adequada para a manutenção da grande empresa e da força de caráter individual; nem prometer um aumento suficientemente rápido da fábrica e de outros implementos materiais da produção para permitir que as rendas reais das classes do trabalho manual cresçam tão rapidamente quanto cresceram no passado recente, mesmo que a renda total do país seja igualmente compartilhada por todos.[14] [...]

O nível médio da natureza humana no mundo ocidental subiu rapidamente nos últimos cinquenta anos. Mas pareceu-me que estes fizeram um progresso mais real em direção à meta longínqua da organização social idealmente perfeita, que concentrou as suas energias em certas dificuldades no caminho e não gastou forças na tentativa de sobrepujá-las.[15]

Nesse doce ocaso da vida, ele se sentiu capaz de reiterar o que havia escrito mais de vinte anos antes:

O problema dos objetivos sociais assume formas novas em todas as épocas: mas subjacente a tudo está o único princípio fundamental, a saber, esse progresso depende mormente da medida em que

---

14 Marshall, A. *Industry and Trade*, p.VII.
15 Ibidem, p.664.

as mais fortes – e não apenas as mais elevadas – forças da natureza humana podem ser utilizadas para o crescimento do bem social. Há algumas dúvidas sobre o que realmente é bem social; mas elas não chegam longe a ponto de prejudicar os fundamentos desse princípio essencial. Pois sempre houve um substrato de acordo em que o bem social reside principalmente no exercício saudável e no desenvolvimento de faculdades que produzem felicidade sem consternação, porque ele sustenta o autorrespeito e é sustentado pela esperança. Nenhuma utilização dos gases residuais no alto-forno pode se comparar com o triunfo de tornar o trabalho para o bem público prazeroso em si e de estimular homens de todas as classes a grandes empreendimentos por outros meios que não aquela evidência de poder que se manifesta nos gastos generosos. Nós precisamos fomentar o bom trabalho e a nova iniciativa pelo hálito quente da simpatia e do apreço dos que realmente entendem isso; precisamos transformar o consumo em caminhos que fortaleçam o consumidor e chamem as melhores qualidades daqueles que fornecem para o consumo. Reconhecer que algum trabalho deve ser feito não é enobrecedor, nós temos de procurar aplicar o conhecimento crescente e os recursos materiais do mundo para reduzir esse trabalho nos limites estreitos e extirpar todas as condições de vida que são degradantes em si. Não pode haver uma grande melhora repentina nas condições de vida do homem, pois ele as forma tanto quanto elas o formam, e ele próprio não pode mudar apressadamente: mas deve avançar com firmeza rumo à meta distante em que as oportunidades de uma vida nobre podem ser acessíveis a todos.[16]

Com essa concepção conectava-se a justificativa da desigualdade com base em que só o rico poupa, de modo que a desigualdade é necessária à acumulação do capital. Isso sabe um pouco à teimosia

---

16 Ibidem, p.664, 665.

clássica, mas sempre era apresentada em forma atenuada – podia-se contar com a desigualdade para aumentar o total a ser compartilhado, tanto que a menor parcela seria maior do que poderia ser em um sistema igualitário. E como argumento subsidiário, diziam que a redistribuição da renda não aumentaria a renda de ninguém de forma apreciável.

Deve ter havido um bocado de senso de obstinação em tudo isso. O único ponto que nos interessa aqui é o elegante truque de prestidigitação graças ao qual fizeram com que a moral igualitária da teoria da utilidade desaparecesse diante dos nossos olhos.

O outro modo de fugir da moral igualitária da teoria da utilidade consistia em admiti-la francamente, mas separando-a rigorosamente da questão do total a ser distribuído. Ainda se apresentam exercícios nos quais se presume que se tratou da distribuição mediante, por exemplo, um sistema de impostos e recompensas e então mostrando como o mercado livre leva à satisfação máxima. É claro que ninguém leva a sério os impostos e recompensas nem pergunta como um sistema econômico dependente do motivo monetário funcionaria se a renda fosse distribuída aos indivíduos independentemente do seu esforço; ou como se poderia fazer com que a motivação do lucro operasse quando ninguém era autorizado a ficar com o que tivesse adquirido acima do nível médio para o benefício da sua própria família.

Em todo esse tipo de análise, que ainda se ensina e continua sendo elaborado com novas ornamentações, a noção de juízo ético se pretende excluída e todo o exercício é apresentado como um pedaço de pura lógica. A própria ideia de implicações morais é abominável para os profissionais desse campo.

Seja como for, até os economistas são seres humanos e não podem se desfazer dos hábitos humanos de pensamento. O seu sistema está saturado de sentimento moral. Os que se acham dentro dele e se acostumaram a respirar o seu ar balsâmico perderam a capacidade de sentir-lhe o cheiro. Aos que chegam de fora e se queixam do fedor doentio, os de dentro respondem com indignação: "A fedentina está é no nariz de vocês. O nosso objetivo é completamente inodoro, científico, lógico e isento de juízos de valor".

A preocupação inconsciente por trás do sistema neoclássico era acima de tudo alçar os lucros ao nível da respeitabilidade moral como salários. O trabalhador é digno do seu ordenado. Do que o capitalista é digno? Abandonou-se a atitude teimosa dos clássicos, que reconhecia a exploração como fonte da riqueza nacional. O capital deixou de ser principalmente um adiantamento de salários necessário devido ao fato de o trabalhador não ter propriedade e não poder se manter até que apareçam os frutos do seu trabalho. De algum modo, o capital é identificado com o tempo de espera e gera a produção extra possibilitada por um período de gestação mais prolongado. Como o capital é produtivo, o capitalista tem direito à sua parte. Como só os ricos poupam, a desigualdade se justifica. Enquanto isso, a corrente do programa totalmente revolucionário muda de rumo para girar as ociosas rodas da pura teoria do Bem-Estar.

2

HAVIA DOIS RAMOS BEM SEPARADOS do sistema neoclássico, cada qual com o seu próprio modelo analítico e cada qual com a sua própria marca de anódino para as dúvidas morais.

Atualmente, longe de ser muito enfatizada, a diferença muitas vezes é completamente desconsiderada. Por exemplo, Schumpeter, nas notas da sua grande *História da análise econômica*, sustenta que o núcleo da teoria de Marshall é parecidíssimo com o esquema estabelecido por Walras.[17]

Na verdade, há uma diferença básica entre ambos no tocante à provisão de capital. Para Walras, para Jevons, os austríacos, Wicksell (e talvez para o lorde Robbins, que via na alocação de meios escassos entre usos alternativos o tema central da economia, se não o único), ela chegou naturalmente a tomar o suprimento de fatores de produção como dado. Todo empregador de fatores procura minimizar o custo do seu produto e maximizar o seu próprio retorno, cada partícula de um fator procura o emprego que maximize a sua renda e todo consumidor planeja o seu consumo para maximizar a *utilidade*. Há uma posição de equilíbrio em que cada indivíduo faz o melhor possível para si mesmo, de modo que ninguém tem incentivo para se trasladar. (Os grupos que combinarem melhorar coletivamente infringem terminantemente as regras.) Nessa posição, cada indivíduo aufere uma renda regida pela produtividade marginal do tipo de fator que ele provê, e a produtividade marginal é regida pela escassez em relação à demanda. Aqui,

---

17 Op. cit., p.837.

o "capital" é um fator como tudo o mais, e a diferença entre trabalho e propriedade desapareceu de vez. Apresentar a coisa toda em termos algébricos é um auxílio e tanto. As relações simétricas entre x e y parecem suaves e afáveis, inteiramente livres das associações de acrimônia que se sugerem nas relações entre "capital e trabalho"; e a aparente racionalidade do sistema de distribuição do produto entre os fatores de produção oculta a natureza arbitrária da distribuição dos fatores entre os sujeitos.

O esquema de Marshall é bem diferente. Os fatores de produção não são simplesmente dados, têm um preço de suprimento; há certa taxa de retorno que um fator precisa receber para poder recorrer a certa quantidade. Esse preço não é um custo, mas mede o custo – o custo do esforço e dos sacrifícios dos trabalhadores e dos capitalistas. O esforço dos trabalhadores significa apenas trabalho. O sacrifício dos capitalistas é esperar. Isso deixa a terra sem custo real e o aluguel sem uma justificativa moral (mas agora é tarde demais para nacionalizar a terra e, seja como for, um capitalista individual que acaso tenha investido em imóveis está *à espera* tanto quanto qualquer outro).

Nenhum esquema logrou se estabelecer satisfatoriamente. As contradições em cada um deles podem passar despercebidas (ou ser descartadas como quebra-cabeças para os quais deve haver uma resposta prestes a ser encontrada) porque toda a ênfase estava não na estrutura do sistema, e sim no seu funcionamento interno – a teoria dos preços relativos –, que agora passou a ser o tema de discussão quase exclusivo e foi elaborado com uma infinidade de minúcias.

A falha do primeiro esquema é não fornecer nenhum modo de contabilizar uma taxa de lucro sobre o capital e uma taxa de juros sobre as finanças. Os fatores que são dados o são em uma forma concreta: o capital consiste em máquinas e estoques de bens. No equilíbrio do mercado, cada máquina tem o seu preço de aluguel, derivado da demanda das mercadorias que ela contribui para produzir. Se houver alguma tendência a igualar a taxa de lucro sobre o capital em geral, deve ser porque os capitalistas podem mudar os seus fatores de uma forma concreta que rende um aluguel mais baixo para outra que promete mais. Nesse caso, porém, não se deram suprimentos de fatores concretos, mas uma quantidade de "capital" em abstrato. O que significa dizer que uma quantidade de "capital" permanece a mesma quando muda de forma é um mistério que até hoje ninguém explicou.

Marshall se empalou no outro chifre do dilema. O lucro como o preço da oferta da espera permite naturalmente interpretar que certa taxa de lucro induz certa taxa de acumulação. Para qualquer taxa de crescimento de uma economia, há um nível de lucro normalmente esperado sobre o investimento, e, em condições competitivas, qualquer linha que prometa mais do que a taxa normal não tarda a atrair mais do que a sua parcela de investimento, de modo a diminuir o retorno. Ao contrário de onde os lucros esperados estão abaixo do nível normal. Assim, o fluxo e o refluxo contínuos tendem a estabelecer o mesmo nível em todo o sistema. Porém Marshall precisa é da proporção de lucro adequada a um capital social, não a uma taxa de acumulação. A terra, o trabalho e a espera são os fatores da produção; o aluguel, o salário e os juros, as suas recompensas. Entretanto, tratar a posse de um capital social já existente como um "sacrifício" a ser acrescentado ao "esforço" dos trabalhadores não chega a ser muito revelador.

Marshall deixou tudo um tanto nebuloso, e nebuloso segue sendo desde então.

Foi o professor Pigou que reconciliou os dois lados da doutrina neoclássica, colocando-a em um cenário de equilíbrio estacionário, quando a acumulação chegou ao fim. Para possuir qualquer quantidade de riqueza, medida em poder de compra, os capitalistas, na qualidade de rentistas, requerem determinada taxa de juros, correspondente à sua taxa marginal de desconto do consumo futuro. Dada a quantidade de riqueza existente, uma taxa de juros mais baixa faria com que eles consumissem mais, uma taxa mais alta os levaria a poupar. Também há uma taxa de lucro em que os capitalistas, na qualidade de empresários, se dispõem a lançar mão de um estoque de bens de capital concretos que incorpora determinada quantidade de riqueza, sendo a taxa de lucro regida pela produtividade marginal do capital. O equilíbrio existe quando o capital social é tal que a taxa de juros que representa o seu preço de oferta é igual à taxa de lucro que representa o seu preço de procura. Nessa configuração, as equações walrasianas podem ser encaixadas no devido lugar de modo que apareça um padrão único de preços e quantidades, sendo que a pressão de cada parte sobre o resto mantém o todo em equilíbrio.

As estruturas lógicas desse tipo têm lá o seu encanto. Permitem aos que carecem de matemática ter uma ideia do que significa beleza intelectual. Isso lhes tem sido um grande apoio na sua função ideológica. Diante de tanta elegância, só um filisteu poderia se queixar de que a contemplação de um estado estacionário extremo, quando a acumulação chegou ao fim, não nos ajudará muito com os problemas de hoje.

3

EM UM PONTO A ESCOLA DO *laissez-faire* tinha uma plataforma política definida. Seus membros eram grandes arautos do Livre-Comércio. De fato, essa sempre foi a doutrina central da economia política. O principal argumento de Adam Smith, avançando a partir de onde os Fisiocratas pararam, se opunha ao Mercantilismo. A teoria da renda da terra de Ricardo levou à abolição das leis do trigo. Para os neoclássicos, a fé no Livre-Comércio se converteu na marca registrada de um economista; os protecionistas pertenciam às raças inferiores sem lei.

A causa do Livre-Comércio era basicamente a mesma coisa que a defesa geral da busca individualista do lucro, mas, partindo da teoria ricardiana dos custos comparativos, ela vestiu uma forma diferente de disfarce. Passou a exibir uma posição de equilíbrio na qual a concorrência leva à *utilidade* máxima no mundo como um todo sendo produzido a partir de determinados recursos.

Mas, para apelar para os políticos e os eleitores, o bem do mundo como um todo era demasiado escasso. O argumento segundo o qual a proteção poderia beneficiar um país à custa do resto não servia; o público poderia responder: "Se é para nos beneficiar, nos conduza a isso". Tampouco bastava provar, em um obstinado estilo clássico, que o livre-comércio beneficiaria o Reino Unido. Era preciso mostrar que, sob ele, todo e qualquer país estaria em situação melhor, de modo que seria possível pregá-lo no mundo inteiro com a consciência tranquila. Os protecionistas são representados como meros lobistas de interesses particulares. Uma tarifa poderia beneficiar um comércio, mas estava fadada a causar mais danos para o resto da economia do que a favorecer os protegidos. (Os escrúpulos com acrescentar *Utilidades*, fazer comparações interpessoais e admitir juízos de valor foram deixados de lado neste ponto. A sua função era combater os pensamentos perigosos no *front* doméstico, não solapar a base lógica do dogma do Livre Mercado.) É bem verdade que a demanda de uma tarifa vem mais frequentemente de um *lobby* que de qualquer outro lugar, mas não é verdade que não se possam encontrar bons argumentos nacionais a favor do protecionismo.

Vejamos como a doutrina neoclássica se esquivou deles. Estabeleceu-se um modelo para a teoria pura do comércio internacional em que todos os países estavam em uma condição estática com determinados recursos, população, capital social e conhecimento técnico. O equilíbrio internacional também prevalecia, com o valor das importações igual ao das exportações. As condições de pleno emprego e concorrência perfeita eram tidas como certas. Os benefícios do comércio, em oposição ao isolamento, são exibidos nos termos desse modelo.

Ora, na vida real, um motivo pelo qual as nações podem recorrer ao protecionismo é aumentar o emprego interno. Não há espaço para esse argumento na teoria pura, pois o pleno emprego já existe. (De fato, Pigou reconheceu que, em certos casos, a imposição de uma tarifa pode aliviar o desemprego causado por uma falha da posição de equilíbrio a ser estabelecida, mas evitou tirar uma conclusão positiva da análise citando a visão de Sidgwick segundo a qual, embora a teoria mostrasse casos em que o protecionismo pode fazer bem, as desastradas mãos do governo não eram dignas de confiança na delicada tarefa de escolher os casos certos.)[18]

---

18 Pigou, A. C. *Public Finance*, p. 209.

Uma vez mais, um país pode reduzir as importações para corrigir a balança de pagamentos. Mas na teoria pura há um mecanismo que opera fluxos de ouro para que as importações e as exportações se equilibrem.

Há ainda a questão de construir indústrias domésticas capazes de alcançar os produtores estrangeiros que, no momento, estão vendendo a preços mais baixos. Aqui foi impossível impedir completamente o bom senso. Era preciso abrir uma exceção para as "indústrias incipientes". No entanto, elas estavam em uma daquelas caixas vazias rotuladas "retornos crescentes"; qualquer pretendente real ao *status* de incipiente era altamente suspeito; a ideia, hoje um lugar-comum, de que o protecionismo pode fomentar o desenvolvimento da indústria como um todo nos países atrasados nunca foi mencionada.

Mesmo assim, depois que todos os problemas interessantes foram descartados, não se pôde fazer a defesa do Livre-Comércio como um benefício para todas as nações. O ponto fraco da análise foi desconsiderar as implicações da suposta concorrência perfeita universal. É bastante óbvio que um grupo de vendedores normalmente pode fazer mais para si coletivamente, concordando em manter os preços altos, do que concorrer individualmente. Eles fazem menos negócios, mas com um nível mais elevado de lucro por unidade. Do mesmo modo, uma nação, nas condições do modelo de equilíbrio, pode se dar muito bem com um volume menor de comércio a preços de exportação mais elevados em termos de importações do que na posição de livre-comércio. Foi o que indicou um artigo agora famoso de Bickerdike, criticando Edgworth nos termos da sua própria análise diagramática.

Edgeworth foi obrigado a admitir a questão e avançou a correção até o caso do puro livre-comércio de que uma pequena tarifa pode ser benéfica.[19] Trata-se de uma "pequena" tarifa no mesmo sentido que um monopolista faz um "pequeno" aumento sobre o preço competitivo. O preço mais rentável não é o mais alto possível, que levaria à redução das vendas, e sim o que produz o mais elevado múltiplo de lucro por unidade com unidades vendidas.

Essa foi uma gravíssima ruptura no caso do Livre-Comércio. Como a trataram? Ela simplesmente se perdeu de vista. Atualmente, o artigo de Bickerdike é bem conhecido, pois foi resgatado do esquecimento quando Abba Lerner redescobriu a mesma questão nos anos 1930[20] e vem sendo muito discutido desde então. Mas até então, ficou efetivamente abafado. Em um livro agora esquecido, que representa uma maré baixa no pensamento neoclássico, a questão é tratada da seguinte maneira:

> Há um argumento altamente teórico acerca da possível vantagem de um país que mudar os termos de troca a seu favor (isto é, reduzir os preços dos produtos importados em relação aos exportados) impondo uma tarifa, à qual não se faz mais referência neste livro. Os interessados no assunto podem encontrar o argumento brevemente exposto e respondido pelo professor Jacob Viner em um artigo sobre "A questão tarifária e o economista" no *Nation and Athenaoum* de 7 de fevereiro de 1931. "Que eu saiba, nenhum economista" (conclui o professor Viner) "sustentou que o ganho de um país oriundo da mudança favorável dos termos de troca por meio

---

19 Edgeworth, F. Y. Bickerdike's Theory of Incipient Taxes. In: *Papers Relating to Political Economy*, v.II.
20 Lerner, A. P. The Diagrammatic Representation of Demand Conditions in International Trade. *Economica*, ago. 1934.

do protecionismo, em circunstâncias concebíveis dificilmente igualará a sua perda devida à realocação antieconômica dos seus recursos produtivos."[21]

Naturalmente, a questão era que a Grã-Bretanha do mundo anterior a 1914 tinha tudo a ganhar das outras nações adotando o livre-comércio e muito pouco a perder por ela mesma mantê-lo. A ressaca da confiança na doutrina no período anterior à guerra só passou quando o desemprego e a fragilidade crônica da balança comercial britânica foram tão exagerados pela depressão mundial que obrigaram até mesmo os economistas a notarem que algo havia mudado.

Marshall, a velha raposa, sabia perfeitamente que tudo era uma questão de interesse nacional:

> Posto que reconhecessem a liderança de Adam Smith, os economistas alemães ficaram mais irritados do que os outros com o que eles consideravam como a estreiteza insular e a autoconfiança da escola ricardiana. E se ressentiam particularmente do modo como os defensores ingleses do livre-comércio presumiam tacitamente que uma proposição que se havia estabelecido com referência a um país industrializado, como era a Inglaterra, podia ser transferida sem alteração a países agrícolas. A genialidade e o entusiasmo nacional de List derrubaram essa presunção; e mostraram que os ricardianos tinham pouca consideração pelos efeitos indiretos do livre-comércio. Negligenciá-los não fazia um grande dano no que dizia respeito à Inglaterra; porque os ingleses estavam no principal beneficiário e assim aumentavam a força dos seus efeitos diretos. Mas ele mostrou que na Alemanha, e sobretudo nos Estados Unidos, muitos dos seus

---

21 *Tariffs: the Case Examined*. sir William Beveridge e outros, p.14, nota de rodapé 1.

efeitos indiretos eram maléficos; e afirmou que esses males superavam os seus benefícios diretos.[22]

Mas isso se acha em um apêndice bastante enfadonho dos *Princípios* acerca da história do pensamento, e poucos alunos de Marshall sabiam que ele sempre havia sido indiscreto a ponto de dizer que o Livre-Comércio era bom para nós, mas poderia não ser tão bom para os outros.

4

COM A UTILIDADE VEIO A MATEMÁTICA, que parecia prometer um novo amanhecer à economia como uma verdadeira disciplina científica. O hábito mental de Ricardo era matemático, mas ele não conhecia a álgebra. Para Jevons, a matemática era fundamental:

> Parece perfeitamente claro que a Economia, se quiser ser uma ciência, deve ser uma ciência matemática. Há muito preconceito contra as tentativas de introduzir os métodos e a linguagem da matemática em qualquer ramo da ciência moral. A maioria das pessoas parece sustentar que as ciências físicas formam a esfera apropriada do método matemático e que as ciências morais exigem outro método, não sei qual. A minha teoria da Economia, porém, é de caráter puramente matemático. Não sei quando teremos um sistema estatístico perfeito, mas a falta dele é o único obstáculo insuperável no caminho de transformar a Economia Política em uma Ciência exata.[23]

---

22 Marshall, A. *Principles*, p. 767.
23 Jevons, W. S. *Theory of Political Economy*, p. 3.

Foi Edgworth que fez as maiores reivindicações. A felicidade deve ser medida como uma quantidade bidimensional, sendo as dimensões intensidade e tempo, e a unidade, o mínimo incremento perceptível em qualquer direção. O princípio Utilitarista de que a política deve se destinar ao maior bem para o maior número requer a soma da felicidade de indivíduos separados, e Edgworth não via nenhuma dificuldade:

> Em virtude de que *unidade* tal comparação é possível? Aqui se apresenta: qualquer indivíduo que experimenta uma unidade de intensidade de prazer durante uma unidade de tempo deve ser "contado por um". Então a utilidade tem *três* dimensões; uma quantidade de utilidade, "muito prazer" é maior que outra quando tem mais unidades de *intensidade-tempo-número*. A terceira dimensão é, sem dúvida, uma aquisição evolutiva e ainda está longe de ser perfeitamente evoluída.
> Recordando a nossa escala tripla, não encontramos nenhuma dificuldade peculiar na terceira dimensão. É uma questão de censo. A segunda dimensão é uma questão de mecanismo: supondo que a distinção aqui tocada, entre a medida subjetiva e a objetiva do tempo, seja de menor importância. Mas a primeira dimensão, na qual deixamos o terreno seguro do objetivo, equiparando à unidade cada *mínimo* perceptível, apresenta dificuldades deveras peculiares. Os *átomos do prazer* não são fáceis de distinguir e discernir; mais contínuos que a areia, mais descontínuos que o líquido; como eram núcleos do apenas perceptível, embutidos em ambientes circunvizinhos, semiconsciência.
> Nós não podemos *contar* as areias douradas da vida; não podemos *numerar* o "incontável sorriso" de mares de amor; mas parece que somos capazes de observar que aqui há uma multidão *maior*, ali uma *menor*, de unidades de prazer, massa de felicidade; e isso basta.[24]

---

24 Edgworth, F. Y. *Mathematical Psychics*, p.8.

Isso parece estar a caminho do igualitarismo mais intransigente, mas Edgworth consegue se esquivar:

> A concepção central do Cálculo Utilitário é a *Maior Felicidade*, a maior soma total possível de prazer aposta durante todo o tempo e sobre toda a senciência. Os raciocínios matemáticos são empregados, em parte, para confirmar a prova do sr. Sidgwick de que a Maior Felicidade é o *fim* da ação correta; e, em parte, para deduzir axiomas médios, *meios* propícios a tal fim. Essa dedução é de um caráter muito abstrato, talvez só negativo; negando a suposição de que a Igualdade está necessariamente implicada no Utilitarismo. Pois, se os sencientes diferem em *Capacidade de Felicidade* – em circunstâncias semelhantes algumas classes de sencientes experimentam, em média, mais prazer (por exemplo, de imaginação e simpatia) e menos dor (por exemplo, cansaço) que os outros – não há presunção de que a igualdade de circunstâncias seja o arranjo mais prazeroso; especialmente quando se levam em conta os interesses da posteridade.[25]

Essa cláusula de escape costuma ser considerada útil, mas é precisamente isso que entrega o *show*. Uma unidade de medida implica uma convenção aceita que é a mesma para todos. Encerrada na consciência subjetiva individual, ela está longe de ser uma unidade. A unidade de felicidade é do mesmo tipo que a miragem do *valor absoluto* de Ricardo ou do *trabalho abstrato* de Marx.

Esse tipo de pseudomatemática continua florescendo hoje em dia. A *utilidade* quantitativa dissipou-se há muito tempo, mas ainda é comum criar modelos nos quais aparecem quantidades de "capital", sem nenhuma indicação do que elas devem quantificar.

---

25 Ibidem, p.VII.

Assim como era habitual evitar o problema de dar um significado operacional à *utilidade* colocando-a em um diagrama, evita-se o problema de dar um significado à quantidade de "capital" dando-lhe expressão algébrica. K é capital, ΔK é investimento. Então o que é K? Ora, capital, é claro. Deve significar alguma coisa, de modo que convém prosseguirmos com a análise e não nos preocuparmos com esses pedantes inoportunos que nos pedem para dizer o que isso significa.

Apesar dessa herança de péssimos hábitos, a economia lucrou enormemente com a disciplina introduzida pelos marginalistas.

Mais uma vez, os conceitos metafísicos, que estritamente falando são tolices, têm dado contribuições à ciência. O método da análise econômica é um hábito do pensamento que, para quem o tem, mais parece bom senso. E quem o tem só o aprecia quando começa a discutir com alguém que não o tem. O sr. Little descreve da seguinte maneira as suas experiências em Whitehall:

> Antes ser consultor econômico, eu achava dificílimo entender qual era a utilidade dos economistas (a não ser de modos muito limitados). Parecia-me que a estrutura básica essencial das ideias aplicáveis era tão simples e restrita que qualquer homem capaz interessado em assuntos econômicos podia adquiri-las e as adquiria à medida que avançasse, sem a menor necessidade de treinamento formal. Quando alguém se afastava desse ínfimo *corpus* de pensamento, a teoria econômica se tornava inaplicável. E quanto a quaisquer métodos realmente profissionais de previsão – bem, qualquer economista sensato os considera como exercícios exploratórios de método, não como coisa confiável na prática. [...]
>
> A minha experiência em Whitehall curou o mal-estar provocado pela ideia de que o meu caso era exagerado. Isso não quer dizer que

um conhecimento de economia acadêmica seja a condição *sine qua non* para dar bons conselhos acerca de assuntos econômicos. Há praticantes de primeiríssima classe dessa arte que não brilhariam em um seminário universitário. Mas eu estava convencido de que um amplo conhecimento de teoria e controvérsia econômicas (assim como um domínio quantitativo dos fatos econômicos e certa familiaridade com a história econômica moderna) era útil – mais útil que o Latim, a Lógica e a História Antiga. [...]

A teoria econômica ensina como as magnitudes econômicas se relacionam e o quanto tais relações são complexas e intrincadas. Os não economistas tendem a ser excessivamente acadêmicos. Abstraem em demasia o mundo real. Ninguém pode pensar em questões econômicas sem alguma teoria, pois os fatos e as relações estão demasiado envolvidos para se organizar: eles simplesmente não se encaixam. Mas, se for ignorante, o teórico é capaz de construir uma teoria muito parcial que o cega para algumas das possibilidades. Ou recai em uma teoria antiga e simplíssima tirada deste ou daquele lugar. Creio que ele também é capaz de interpretar ingenuamente o passado. *Post hoc ergo propter hoc* raramente é uma explicação econômica adequada. Às vezes eu ficava chocado com a ingênua certeza com que se sugeriam partes muito questionáveis de análise econômica em Whitehall.[26]

Na sua própria época, porém, o esquema neoclássico trouxe poucos resultados. Jevons não tardou a iniciar investigações estatísticas, mas poucos outros teóricos seguiram o seu exemplo (apesar de terem trabalhado muito em estudos realistas sem o benefício da teoria). As generalizações estatísticas, como a chamada lei da distribuição de Pareto ou a suposta regularidade do ciclo comercial, não

---

26 Little, I. M. D. The Economist in Whitehall. *Lloyds Bank Review*, p. 35, abr. 1957.

surgiram do núcleo central de análise, e foi necessário providenciar teorias especiais para explicá-las.

No fim do reinado neoclássico, o professor Clapham caçoou dos economistas:

> Imagine um economista bem-educado na escola britânica dominante examinando uma fábrica de chapéus. Nas prateleiras do depósito, o primeiro cômodo no qual entra, há caixas contendo chapéus. Nas prateleiras da sua mente, também não faltam caixas. Há uma fileira rotulada Indústrias de Retornos Decrescentes, Indústrias de Retorno Constante, Indústrias de Retorno Crescente. Acima dela, uma fileira mais empoeirada rotulada Monopólios (com discriminação de três graus) em Indústrias de Retorno Decrescente, Indústrias de Retorno Constante, Indústrias de Retorno Crescente. Mais acima, ele mal consegue ler os rótulos, Impostos sobre Monopólios em Indústrias de Retorno Decrescente – e assim por diante. O nosso economista sabe que essas caixas não são muito proeminentes nas prateleiras de alguns economistas cuja mobília mental ele geralmente aprova; mas recebeu-as dos seus donos e as viu serem manuseadas com belo engenho pelos seus amigos. Entretanto, dentre todas as suas leituras e conversas, ele não consegue recordar uma cena em que alguém abrisse as caixas e dissesse com autoridade e provas: "Indústria de Retorno Constante, calças; Indústria de Retorno Crescente, chapéus", ou usasse quaisquer palavras parecidas. Tampouco consegue pensar em uma monografia industrial na qual se tenha feito uso proveitoso da Lei dos Retornos para comentar as coisas da vida. Talvez ele próprio tenha tentado escrever uma pequena monografia e se lembre que, sem dúvida por falta de sagacidade, não lhe serviu de nada; mas que ninguém nunca o culpou.
>
> Ele anota na memória e, ao chegar em casa, tira da estante *Indústria e comércio: um estudo de técnica industrial e organização empresarial*, quase novecentas páginas repletas de coisas da vida.

Duas referências a Retornos Constantes – uma delas em uma nota de rodapé – e um punhado de referências a Retornos Decrescentes e Crescentes *im Allgemeinen*, não tanto quanto ele possa encontrar em íntima relação com os fatos daquelas indústrias britânicas, francesas, alemãs e americanas, acerca das quais o livro enorme muito lhe ensinou: isso parece ser tudo. Ele experimenta A economia do bem-estar para descobrir que, em quase mil página, não há uma única ilustração de quais indústrias estão em quais caixas, ainda que muitos argumentos comecem com "quando as condições de retornos decrescentes prevalecerem" ou "quando prevalecem as condições de retornos crescentes", como se todo mundo soubesse quando isso aconteceu.[27]

Creio que essa esterilidade tinha um motivo duplo.

Em primeiro lugar, as questões discutidas não tinham importância prática. A política recomendada era a do *laissez-faire*, e não havia necessidade de descrever minuciosamente como não fazer nada. As máximas favoráveis à tributação procedem da análise de Marshall, mas são um dispositivo expositivo, não uma prescrição de política. De qualquer modo as mercadorias em demanda inelástica eram tributadas por gerarem renda, e o argumento de Marshall sobre o excedente do consumidor não acrescentava nada. Quanto aos impostos e subsídios de Pigou, se alguém os tivesse levado a sério, ele estaria procurando avidamente indústrias de retorno crescente e decrescente, e era justamente isso (como Clapham indicou) que ninguém se dispunha a fazer.

Afora a defesa do livre-comércio, não havia muito que dizer acerca das questões práticas provenientes do núcleo central da

---

27 Clapham, J. H. Of Empty Economic Boxes. *Economic Journal*, set. 1922.

teoria do *laissez-faire* (em oposição a diversas questões variadas suscitadas de vez em quando por acontecimentos passageiros); como a sua única preocupação com a política era negativa, a teoria fez pouquíssimo progresso no desenvolvimento de conceitos operacionais que pudessem ser usados em dados reais.

O segundo motivo pelo qual os neoclássicos ficaram tão isolados da prática foi o domínio do conceito de equilíbrio na própria teoria. A função da teoria econômica, em oposição à teologia econômica, é estabelecer hipóteses que possam ser testadas. Mas se uma hipótese for formulada nos termos da posição de equilíbrio que seria alcançada quando todas as partes interessadas tivessem previsão correta, não faz sentido testá-la; sabemos antecipadamente que ela não se revelará correta. O domínio do equilíbrio justificou-se pelo fato de ser excessivamente complicado introduzir em um único modelo tanto os movimentos do todo ao longo do tempo quanto a interação detalhada das partes. Por razões puramente intelectuais, era necessário escolher entre um modelo dinâmico simples e um estático elaborado. Mas não foi por acaso que se escolheu o estático; as suaves harmonias do equilíbrio sustentavam a ideologia do *laissez-faire*, e a elaboração do debate nos manteve muito ocupados para ter tempo para pensamentos perigosos.

4
A revolução keynesiana

ALGUNS CONTEMPORÂNEOS E ALUNOS de Keynes não gostam da expressão "revolução keynesiana". Não havia nada tão novo assim na *Teoria geral*, dizem.[1] É claro que se pode encontrar tudo em Marshall, até mesmo a *Teoria geral*. Mas nós sabemos o que pensavam os discípulos de Marshall que haviam entrado no Tesouro, desde o famoso White Paper [livro branco] de 1929,[2] o qual era um exemplo da teoria neoclássica em ação. Na Eleição Geral daquele ano, Lloyd George alicerçou a sua campanha na promessa de abolir o desemprego que, havia muito, estava acima dos 10% (posteriormente se elevaria a 20%), com um programa de obras públicas. Solicitou-se ao Tesouro (muito impropriamente do ponto de vista constitucional) que mostrasse por que isso era impossível. O seu argumento foi simplíssimo. O fundo total de poupança é dado e,

---

1 Eles ficam numa péssima situação para dizer tal coisa a esta autora, que aprendeu a ortodoxia pré-keynesiana aos seus pés.
2 *Memorandum on Certain Proposals Relating to Unemployment*, Cmd. 3331.

se for mais usado para investimento doméstico, seriam reduzidos empréstimos estrangeiros e, consequentemente, o excedente de exportação de modo correspondente; não haveria vantagem para a economia como um todo.[3]

Atualmente, isso parece meramente ridículo. Já não há necessidade de repetir a conhecida história da vitória pungente da teoria da demanda efetiva; o que nos interessa deveras é ver a relevância da nova linha dos temas que vimos discutindo.

1

ANTES DE MAIS NADA, Keynes resgatou parte da teimosia dos clássicos. Via o sistema capitalista como um sistema, uma empresa em funcionamento, uma fase do desenvolvimento histórico. Às vezes, isso o enraivecia e desesperava, mas, no geral, ele o aprovava ou pelo menos achava que valia a pena tentar consertá-lo e fazê-lo funcionar toleravelmente bem. Mas como no caso de Adam Smith, a sua defesa se baseava na conveniência:

> No que me concerne, acho que o capitalismo administrado com sabedoria provavelmente pode ser mais eficiente para atingir fins econômicos do que qualquer sistema alternativo ainda à vista, mas que, em si, ele é de vários modos extremamente inaceitável. O nosso problema é encontrar uma organização social que seja a mais eficiente possível sem afrontar as nossas noções de um modo de vida satisfatório.[4]

---

3 Op. cit., p.47.
4 Keynes, J. M. *Essays in Persuasion*, p.321.

Em segundo lugar, Keynes retomou o problema moral que a teoria do *laissez-faire* tinha abolido. É verdade que, em Cambridge, nunca nos ensinaram que a economia deva ser *wertfrei* ou que o positivo e o normativo devam ser claramente divididos. Nós sabíamos que a busca era de fruto, bem como de luz. Mas o anódino do *laissez-faire* funcionou plenamente mesmo em Cambridge. Marshall era, por certo, um grande moralizador, mas, de algum modo, a moral sempre revelou que qualquer coisa, seja qual for, é realmente *quase* melhor. Pigou expôs o argumento do seu *Economia do bem-estar* em termos de exceções à regra segundo a qual o *laissez--faire* assegurava a satisfação máxima; não questionou a regra. Foram necessários reajustes esparsos para tornar a distribuição de recursos a mais eficiente possível. A desigualdade da distribuição do produto levantou dúvidas, mas foram facilmente transfiguradas em devaneios utópicos. Mesmo Keynes que, como vimos, não gostava muito da motivação lucro, pensou (na década de 1920) que ela propiciava um mecanismo melhor que qualquer outro "ainda à vista" para operar o sistema econômico, com a ressalva de que não fazia necessariamente o melhor uso possível dos seus recursos.

Na década de 1930, grande parte dos seus recursos não foi usada em absolutamente nada; Keynes diagnosticou a causa como um defeito profundamente arraigado no mecanismo e, assim, acrescentou uma exceção à confortável regra segundo a qual todo homem, ao melhorar a sua própria situação, fazia à comunidade um bem grande a ponto de perturbar completamente a reconciliação da busca do lucro privado com o benefício público.

Toda a elaborada estrutura da justificação metafísica do lucro explodiu quando ele indicou que o capital dava retorno não por ser produtivo, mas por ser escasso.[5] Pior ainda, a noção de que a poupança era a causa do desemprego cortou a raiz da justificação da renda desigual como fonte de acumulação.

O que tornava a *Teoria geral* tão difícil de aceitar não era o seu conteúdo intelectual, que em um estado de espírito calmo poderia ser facilmente dominado, e sim as suas implicações. Pior do que os vícios privados serem benefícios públicos, parecia que a nova doutrina era a proposição ainda mais desconcertante de que as virtudes privadas (de parcimônia e gestão cautelosa) eram vícios públicos.

Agora nós vimos o nosso caminho através disso. Se o pleno emprego for mantido em qualquer caso, poupar é certamente mais desejável do que gastar do ponto de vista público. A poupança só é ruim quando o investimento não consegue aproveitá-la. Mas na época Keynes parecia defender um "sistema licencioso" que era ainda mais censurável do que o de Mandeville tinha sido para Adam Smith. E, claro está, tal como Mandeville, Keynes era uma provocação terrível. Preferia não revestir as suas pílulas azedas com nenhum açúcar suavizante. Quanto mais desagradáveis fossem, mais bem fariam.

Ao impossibilitar a crença em uma reconciliação automática de interesses colidentes em um todo harmonioso, a *Teoria geral* trouxe à tona o problema da escolha e do juízo que os neoclássicos tinham conseguido asfixiar. A ideologia para acabar com as ideologias desabou. A economia voltou a ser economia política.

Em terceiro lugar, Keynes devolveu o *tempo* à teoria econômica. Despertou a Bela Adormecida do prolongado esquecimento

---

5 Keynes, J. M. *General Theory*, p. 213.

ao qual o "equilíbrio" e a "previsão perfeita" a tinham condenado e a conduziu ao mundo do aqui e agora.

Essa libertação fez com que a economia desse um grande passo à frente, afastando-se da teologia rumo à ciência; agora as hipóteses já não precisam ser formuladas de modo que nós saibamos de antemão que serão refutadas. Hipóteses referentes a um mundo em que os seres humanos realmente vivem, no qual não se pode conhecer o futuro nem desfazer o passado, têm, pelo menos em princípio, a possibilidade de ser apresentadas de forma testável.

2

KEYNES DESCONFIAVA MUITO DA ECONOMETRIA (não é de modo algum certo que o trabalho feito nos últimos vinte anos teria destruído as suas dúvidas); mas foi ele que possibilitou o novo trabalho estatístico. Em *Como pagar a guerra*, ele usou a primeiras tabelas da Renda Nacional estabelecidas de maneira moderna por dupla entrada, em um improviso que Erwin Rothbarth fez para ele, e sob a sua influência o método foi aceito oficialmente e hoje está universalmente estabelecido.

A descida no tempo também pôs a teoria econômica em contato com a história. Keynes não tinha o escrúpulo de um estudioso, lançava mão de qualquer exemplo para ilustrar uma tese e, se um deles o traísse, sempre era possível encontrar outro. Ele fez sugestões malucas como a que o gênio de Shakespeare só podia ter florescido em uma era de inflação,[6] ou que só se podia encontrar

---

6 Keynes, J. M. *Treatise on Money*, v.II, p.154.

civilização onde houvesse terremotos que de vez em quando levassem a um *boom* de reconstrução.[7] Esses argumentos patuscos não passavam de ornamentos superficiais para apontar os paradoxos da análise. (Ele tinha planos de levar a sério a história econômica aos setenta anos, e não podemos saber o que resultaria disso.) Ainda que Keynes não fosse historiador, a *Teoria geral* abriu um campo enorme para um estudo analítico da história econômica. Anteriormente, quase não havia ligação entre a história e a teoria, a não ser a interpretação agora desacreditada dos movimentos de preços em termos do suprimento de ouro.

Na história, nós aprendíamos que a mola propulsora do desenvolvimento eram as invenções técnicas; na teoria, a maior parte dos exercícios era em termos de um "determinado estado de conhecimento". As invenções eram uma questão especial e difícil; mesmo quando abordadas, o argumento era conduzido comparando duas posições, com diferentes estados de conhecimento, cada qual já em equilíbrio. (Schumpeter, que introduziu uma edição expurgada de Marx na doutrina acadêmica, fez com que o seu sistema dependesse de invenções, mas estava a certa distância do centro da ortodoxia; só depois que Keynes rompeu os limites é que ele pôde encontrar um lugar nela.) Na história, nós aprendemos o crescimento e a decadência dos sistemas econômicos; na teoria, havia um conjunto de princípios que regiam a vida na ilha de Robinson Crusoe e entre os míticos camponeses que trocavam tecidos por vinho, tanto na cidade de Londres quanto na de Chicago.

---

7 Keynes, J. M. *General Theory*, p.129.

Na história, as nações têm várias formas e tamanhos, várias características geográficas e tradições sociais; na teoria, havia só A e B, cada qual com uma dotação de fatores idênticos em todos os aspectos, salvo nas suas quantidades relativas, comerciando bens idênticos. Na história, cada fato tem as suas consequências, e perguntar o que teria acontecido se esse fato não houvesse ocorrido não passa de uma especulação ociosa; na teoria, há uma posição de equilíbrio à qual esse sistema chegará, pouco importa onde comece.

A *Teoria geral* rompeu a barreira inatural e voltou a unir a história e a teoria. Mas para os teóricos, a descida no tempo não foi fácil. Depois de vinte anos a bela acordada ainda está atordoada e zonza.

O próprio Keynes não estava muito firme nos pés. A sua observação acerca do multiplicador atemporal[8] é altamente suspeita. E o núcleo da análise em torno à qual gira a sua controvérsia flamejante baseia-se em comparações de posições de equilíbrio estático de curto prazo, cada qual com determinada taxa de investimento em curso, embora pretenda traçar o efeito de uma mudança na taxa de investimento que ocorre em um breve espaço de tempo.

Keynes só se interessava por questões de curtíssimo prazo (costumava dizer: "O longo prazo é assunto para graduandos"), de modo que, para ele, a diferença entre fazer comparações da estrutura de diversas posições e traçar as consequências da mudança talvez não fosse tão importante, apesar de haver uma quantidade tremenda de brigas entre ele o *sir* Dennis Robertson sobre a matéria.[9] Mas, quando se trata de questões de longo prazo, a distin-

---

8 Keynes, J. M. *General Theory*, p.122.
9 Ver H. G. Johnson. Some Cambridge Controversies on Monetary Theory. *Review of Economic Studies*, v.xix, n.2, p.49, 1951-2.

ção é indispensável, e aqueles que aprenderam a flutuar nas águas tranquilas do equilíbrio acham as exigências da análise histórica muito desconfortáveis. Ainda estamos escorregando e nos debatendo como patos que pousaram em uma lagoa e a encontraram congelada.

Nós rompemos o equilíbrio estático pelo menos em conexão com a acumulação de capital. Aprendemos a distinguir o desejo de poupar do incentivo a investir e ambos do preço de oferta de um estoque de espera. Em outros ramos da economia, a substituição do equilíbrio atemporal pelo desenvolvimento histórico ainda tem uma longa luta pela frente.

Keynes não tinha interesse pela teoria dos preços relativos. Gerald Shove costumava dizer que Maynard nunca despendeu os vinte minutos necessários para entender a teoria do valor. No tocante a esses tópicos ele se contentava em deixar a ortodoxia em paz. Levava consigo muita bagagem marshalliana e jamais a desembalou totalmente para jogar fora as roupas que não podia usar. Só agora a revolução keynesiana está abrindo caminho vagarosamente para esse terreno.

3

O PROGRESSO É LENTO EM PARTE DEVIDO à inércia intelectual. Em um assunto em que não há um procedimento convencionado para eliminar erros, as doutrinas têm uma longa vida. O professor ensina o que lhe ensinaram, e os seus alunos, com o devido respeito e a reverência pelos professores, opõem resistência a seus críticos unicamente por serem alunos dele.

Nós temos um exemplo bem documentado no caso de Pigou e Marshall. A crítica de Pigou à *Teoria geral*[10] foi dura e intemperada no tom e, como ele admitiu posteriormente, incorreta na lógica. O motivo dessa atitude foi a sua profunda mágoa e indignação com o modo como Keynes atacou Marshall.

Se Keynes quisesse, teria sido fácil ser "generoso" para com Marshall, assim como este último foi para com Ricardo, quer dizer, sobrepesá-lo com as suas próprias ideias; as ambiguidades de Marshall prestam-se até mais que as de Ricardo a várias interpretações. Mas Keynes, que (ao contrário dos poetas de Adam Smith) era singularmente desprovido de rancor porque a sua própria autoconfiança não precisava de sustento externo, fez o possível para escolher a interpretação de Marshall mais adversa aos seus próprios pontos de vista a fim de pulverizá-la, zombar dela e dançar sobre os seus restos destroçados, simplesmente por pensar que era importantíssimo – de importância real, urgente e política – as pessoas saberem que ele estava dizendo algo novo. Se ele houvesse sido polido e brando, se houvesse usado a devida cautela erudita e a reserva acadêmica, o seu livro teria passado despercebido e milhões de famílias entregues ao desemprego estariam tanto mais distantes do alívio. Queria que o livro ficasse na moela dos ortodoxos, de modo que eles fossem forçados a vomitá-lo ou a mastigá-lo corretamente.

---

10 *Economica*, maio 1936.

Pigou o vomitou, tenho certeza de que não porque contivesse comentários grosseiros a seu respeito, mas porque a sua lealdade a Marshall foi ultrajada.

Treze anos depois, quando pegou o livro e o leu calmamente, ele se surpreendeu ao descobrir que concordava com a maior parte do conteúdo e que a sua crítica fora injusta com Keynes. Embora estivesse aposentado e Keynes tivesse morrido, ele pediu autorização para ministrar duas palestras aos graduandos para se retratar da sua crítica injusta de Keynes.[11] Para os jovens, que eu suponho que achavam a *Teoria geral* apenas mais um dos clássicos que eles esperavam que o professor não percebesse que não tinham lido, foi um tanto enigmático; para quem presenciou as antigas batalhas, foi uma cena comovente e nobre.

Isso agora nos fornece um exemplo excepcionalmente claro de que o sentimento pessoal pode erigir uma defesa para as ideias antigas contra as novas.

Também há, é claro, um elemento puramente intelectual. As ideias novas são difíceis simplesmente por ser novas. A repetição cobriu de certo modo as lacunas e inconsistências das antigas, e as novas não as podem penetrar. Precisam de um buldôzer forte como Keynes para abrir caminho e entrar.

Também há um elemento psicológico na sobrevivência da teoria do equilíbrio. O conceito de equilíbrio exerce uma atração irresistível – o zumbido quase silencioso de uma máquina a funcionar perfeitamente; a aparente quietude do equilíbrio exato de pressões contrárias; a recuperação automática e suave de uma perturbação

---

11 Ver Pigou. *Keynes' General Theory. A Retrospective View.*

casual. Há nisso algo talvez freudiano? Isso tem conexão com um desejo de voltar ao útero? Nós precisamos de uma explicação psicológica para decifrar a poderosa influência de uma ideia intelectualmente insatisfatória.

4

NATURALMENTE, O CONCEITO DE EQUILÍBRIO é uma indispensável ferramenta de análise. Até Marx utiliza o caso da "reprodução simples" a fim de limpar o terreno para a sua análise da acumulação em termos de poupança e investimento; a reprodução simples, na qual todos os bens de capital se conservam intactos, tem muito em comum com o "estado estacionário completo" de Pigou. Mas para usar o conceito de equilíbrio, é preciso mantê-lo no lugar, e o seu lugar fica exclusivamente nos estágios preliminares de um debate analítico, não na forjadura de hipóteses a ser testadas contra os fatos, pois nós sabemos perfeitamente que não encontraremos os fatos em estado de equilíbrio. Entretanto, muitos autores parecem conceber o longo prazo como uma data em algum lugar do futuro ao qual um dia chegaremos. Ou até mesmo sugerir que, se for possível mostrar que há algo verdadeiro no equilíbrio – digamos, as importações iguais às exportações, ou os lucros estão a uma taxa normal , então, de algum modo, pouco importa que todos os dias, agora e por vir, isso não será verdadeiro. Para tomar um exemplo contemporâneo desse modo de argumentar: dizem que, a longo prazo, todo monopólio malogrará.[12] Isso parece ser uma generalização estouvada, mas essa não é a questão. A questão é esse argumento ser usado para sugerir que o fenômeno do lucro monopolista não tem importância, apesar do fato de que, todo dia em que o sol brilha, uma série de monopólios que ainda não malograram estará simplesmente aproveitando a ocasião. "A longo prazo, nós todos estaremos mortos", mas não todos ao mesmo tempo.

O equilíbrio de longo prazo é uma enguia escorregadiça. Evidentemente, ao falar em longo prazo, Marshall se referia a um horizonte que sempre está a certa distância no futuro, e essa é uma metáfora útil; mas acaba entrando em uma discussão sobre uma posição de equilíbrio que é arredada pelo próprio processo de abordá-la e se envolvendo em um emaranhado extremo ao desenhar posições tridimensionais em um diagrama plano.[13]

Ninguém negaria que falar em uma tendência ao equilíbrio que desloca, ele próprio, a posição para a qual tende é uma contradição em termos. E apesar disso ainda persiste. É por esse motivo que nós devemos atribuir a sua sobrevivência a algum tipo de apelo psicológico que transcende a razão.

Marshall estava muito ciente da dificuldade de fazer generalizações destinadas a se aplicar à vida real em termos de conceitos. O preço normal é o "valor que as forças econômicas causariam se as condições gerais da vida permanecessem estacionárias durante um período longo o bastante para possibilitar a todas elas esgotar o seu pleno efeito".[14]

---

12 Wiles, P. Are Adjusted Roubles Rational? *Soviet Studies*, p.144, out. 1955.
13 Marshall, A. *Principles*, Apêndice H.
14 Marshall, A. *Principles*, p.347.

Sir Dennis Robertson, achando que é mera perversidade em um crítico não ficar satisfeito com isso, repete-o com indignação.[15] Mas como se as forças econômicas presentes em determinada situação forem mutuamente contraditórias? Por exemplo, parte do investimento que está sendo realizado resulta das expectativas de lucro que outra parte tornará inatingível? Qual é o equilíbrio a que o esgotamento dessas forças levaria se tivesse tempo suficiente para chegar a tanto; e, em todo caso, as "condições estacionárias" se aplicam a determinada população e a determinado capital social, ou a determinada taxa de crescimento ou a determinada aceleração do crescimento?

Mesmo que se fosse possível responder esses enigmas e dar um significado à passagem pelo tempo do ponto normal rumo ao qual a posição real tende a se deslocar, cabe-nos indagar a que distância do equilíbrio a posição real tende a estar – quão rápida é a reação em direção ao normal em comparação com a velocidade do deslocamento da posição normal? Em que casos a lacuna está crescendo, em quais está se estreitando? Essas são perguntas interessantes, mas salvo no departamento especial – teoria do ciclo comercial – no qual a revolução keynesiana tem o comando, elas raramente são feitas, muito menos respondidas. A discussão cessa quando a posição normal tiver sido descrita e o acalanto do equilíbrio silenciar a investigação adicional.

---

15 Robertson, D. *Lectures on Economic Principles*, v.I, p.95.

5

ESSAS SÃO RAZÕES SUBSIDIÁRIAS PARA A SOBREVIVÊNCIA e o renascimento das ideias pré-keynesianas. Como sempre, devemos procurar a razão principal na esfera ideológica. Keynes trouxe o problema moral de volta à economia ao destruir a reconciliação neoclássica entre o egoísmo privado e o serviço público. Também expôs outra fraqueza. Há mais um conflito na vida humana, parecido com o conflito entre os meus interesses e os dos outros – é o conflito o eu de agora e o do futuro. Esse conflito a ideologia neoclássica não o resolveu deveras; preferiu evitá-lo. A prudência é algo semelhante à virtude e precisa exercitar o autodomínio. O conceito de *espera* como um sacrifício está conectado com a visão de que qualquer proprietário de riqueza está sob a tentação constante de consumi-la em "gratificações presentes" e o interesse é a "recompensa" que o leva a se abster.

Como sempre foi muito vago acerca da economia como um todo e manteve o foco nos preços relativos, o sistema neoclássico conseguiu deixar a questão crucial da taxa adequada de poupança nesse estado insatisfatório. Se eu descartar o futuro, quando esse dia futuro se tornar presente, eu chutarei a mim mesmo. A taxa ideal de poupança é para que se confie a sociedade a esse tipo de idiotas? E quanto à posteridade? O sentimento de família é um suporte fraco, pois são justamente os solteiros que têm a maior margem de poupança. Em parte, foi como refúgio dessas questões embaraçosas que o estado estacionário, no qual a acumulação chegou ao fim, era tão valioso para os sucessores de Marshall.

Dez anos antes da *Teoria geral*, Keynes pronunciou a oração fúnebre do *laissez-faire*:

Removamos do terreno os princípios metafísicos ou gerais sobre os quais, de quando em quando, tem se fundamentado o *laissez--faire*. Não é verdade que os indivíduos possuam uma "liberdade natural" prescritiva nas suas atividades econômicas. Não há *nenhum* "pacto" que confira direitos perpétuos a quem Tem ou a quem Adquire. O mundo *não* é governado de cima de modo que o interesse privado e o social sempre coincidam. *Não* é administrado cá embaixo de modo que eles coincidam na prática. *Não* é uma dedução correta, a partir dos Princípios da Economia, que o esclarecido interesse próprio opere sempre no interesse público. Tampouco é verdade que o interesse próprio geralmente *seja* esclarecido; com mais frequência, os indivíduos que agem separadamente a fim de promover os seus próprios intuitos são demasiado ignorantes ou demasiado fracos para atingir mesmo estes. A experiência não mostra que os indivíduos, quando formam uma unidade social, sejam sempre menos perspicazes do que quando agem separadamente.

Por conseguinte, nós não nos podemos estabelecer em bases abstratas, mas temos de lidar com os seus méritos em detalhe, coisa que Burke chamou de "um dos melhores problemas na legislação, isto é, determinar de o quê o Estado deve incumbir-se para se orientar pela sabedoria pública e o que ele deve deixar, com o mínimo de interferência possível, para o esforço individual". Temos de discriminar entre o que Bentham, na sua nomenclatura esquecida, mas útil, costumava denominar *Agenda* e *Não agenda*, e fazê-lo sem a suposição anterior de Bentham de que a interferência é, ao mesmo tempo, "geralmente desnecessária" e "geralmente perniciosa".[16]

Em *O fim do laissez-faire*, Keynes teve só isso para dizer sobre a questão da acumulação:

---

16 Keynes, J. M. *Essays in Persuasion*, p. 312-13.

O meu segundo exemplo diz respeito a Poupança e Investimento. Parece-me necessário algum ato coordenado de juízo inteligente no referente à escala em que é desejável que a comunidade como um todo poupe, a escala em que essas poupanças vão para o exterior na forma de investimentos estrangeiros, e se a atual organização do mercado de investimentos distribui a poupança pelos canais mais produtivos nacionalmente. Não acho que essas questões devam ser deixadas inteiramente ao acaso do juízo privado e dos lucros privados, como ocorre no presente.[17]

Quando toda a questão de ver que as poupanças potenciais não chegam ao desperdício no desemprego, que os recursos que suscetíveis de ser investidos serão usados, está incluída na *agenda*, parece que restou pouquíssima *não agenda*.

Discutir o ponto principal tornou-se impossível. Mas o próprio Keynes teve momentos de saudade das velhas doutrinas. "A filosofia social para a qual a *Teoria geral* pode levar" é marcadamente menos radical do que o argumento do livro levou o leitor a esperar:

> A nossa crítica à teoria clássica da economia aceita consistia não tanto em detectar falhas lógicas na sua análise quanto em indicar que as suas suposições tácitas raramente ou nunca eram satisfeitas e, consequentemente, não podiam resolver os problemas econômicos do mundo. Mas se os nossos controles centrais lograrem estabelecer um volume de produção correspondente ao pleno emprego tão proximamente quanto é praticável, a teoria clássica voltará a ser o que era desse ponto em diante. Se nós supusermos o volume da produção a ser dado, isto é, a ser determinado por forças fora do esquema clássico de pensamento, então não há objeção a ser levantada contra

---

17 Ibidem, p.318.

a análise clássica da questão, na qual o interesse privado determinará o que é produzido especificamente, em que proporções se combinarão os fatores de produção e como o valor do produto final será distribuído entre elas.[18]

Nesse reino enfraquecido, o *laissez-faire* ainda pode florescer; a partir desse espaço, pode fazer arremetidas para recapturar o território perdido. É essa recuperação das velhas forças ideológicas em torno à sua auriflama – a melhor distribuição de recursos em equilíbrio de longo prazo – que explica o lento progresso que se vem fazendo ao pôr a chamada teoria do Valor e da Distribuição em contato com o tempo histórico e a chamada teoria do Bem-Estar em contato com a vida humana.

6

DE CERTO MODO, O CORTE MAIS CRUEL de todos foi o repúdio de Keynes à doutrina segundo a qual as tarifas são prejudiciais ao país que as impõe. Ele não se aprofundou na teoria pura nem no argumento de Bickerdike. Estava interessado na questão muito mais simples e mais direta que uma tarifa que desvia a demanda de bens estrangeiros para bens domésticos aumenta o emprego nas indústrias nacionais.

Criado na mais rigorosa seita farisaica, Keynes tinha sido um livre-cambista dogmático no passado. Com a sua habitual falta de

---

18 Keynes, J. M. *General Theory*, p. 378.

lealdade a suas ideias passadas, escolhe a si próprio, na *Teoria geral*, como o expoente da doutrina que quer atacar:

> Talvez seja mais justo citar como exemplo o que eu mesmo escrevi. Ainda em 1923, sendo um aluno fiel da escola clássica que na época, não duvidava do que havia aprendido e entretido a respeito dessa matéria, escrevi: "Se há uma coisa que o protecionismo não pode fazer, é remediar o desemprego [...] Há certos argumentos favoráveis ao protecionismo baseados na obtenção de vantagens possíveis, mas improváveis, para as quais não há resposta simples. Mas a prerrogativa de remediar o desemprego envolve a falácia protecionista na sua forma mais grosseira e mais brutal".[19]

Isso não fazia deveras parte da doutrina formal, pois o caso do livre-comércio era discutido em termos de um modelo que tinha o pleno emprego como garantido, mas certamente fazia parte da "economia vulgar" que se ensinava na época.

Na obra já citada como marco do declínio do pensamento neoclássico, argumentava-se, primeiramente, que "cortando as importações, nós não podemos evitar, a longo prazo, cortar um valor comparável nas exportações que em outras circunstâncias faríamos".[20] (Conforme esse argumento, o investimento estrangeiro que foi a glória da nossa economia no século XIX simplesmente não poderia ter acontecido.) Em segundo lugar, que nós *poderíamos* ter um excedente de exportações, mas que isso significaria investir no exterior em vez de no nosso país[21] e, finalmente, que se algo deve

---

19 Ibidem, p.334.
20 *Tariffs, the Case Examined*, p.53.
21 Loc. cit., p.56.

ser feito com relação ao desemprego, seria melhor fazê-lo internamente investindo em habitação e estradas. Naturalmente, o último argumento era muito recomendável (ainda que, nas circunstâncias da época, certo protecionismo ou desvalorização teriam sido um acessório necessário à política de obras públicas). Mas como os autores dessa polêmica veem a coisa, trata-se da desculpa da fome chinesa: Por que eu haveria de fazer doação para aliviar a fome na China se tanta gente do nosso próprio povo está passando necessidade? Não vou doar absolutamente nada.

> As opiniões podem diferir entre os Livre-Cambistas, como entre outras, quanto a até que ponto é sensato pressionar tais esquemas de gastos públicos e até que ponto eles apenas atrasarão os reajustes naturais e necessários. Mas o argumento fundamental para o Livre-Comércio permanece inabalável pela demonstração de que existe um conjunto perene de fatores de produção não empregados: pois o Livre-Comércio garante que tal quantidade de fatores de produção, como a política salarial dos sindicatos e as condições de investimento e empreendimento entre eles permitem ser empregados, são pelo menos não utilizados na produção de coisas que podem ser obtidas mais facilmente pela troca, de acordo com os princípios da divisão internacional do trabalho.[22]

Isso demonstra uma vez mais que a ideologia realmente não precisa de quase nenhuma lógica. O grande clamor contra a traição de Keynes à causa do Livre-Comércio, que fez os homens fortes chorarem, mostra quanto tempo uma ideologia é capaz de sobreviver à sua utilidade; as doutrinas que, pelo menos do ponto de vista

---

22 Op. cit., p. 74.

patriótico, era desejável pregar quando a Inglaterra era a maior nação exportadora tinham pouquíssimo sentido em qualquer nível no decênio de 1930.

A doutrina do Livre-Comércio é o caso mais claro de como o problema moral foi abolido pelos neoclássicos e de como a revolução keynesiana o trouxe de volta. Na doutrina do Livre-Comércio, com a objeção de Bickerdike esquecida e as reservas de Marshall não lidas, parecia que a virtude e o interesse próprio eram inseparáveis. O Livre-Comércio não é bom só para o mundo como um todo, mas para cada uma e para todas as nações. Nenhuma nação pode fazer algum bem para si própria, seja exportando desemprego para as outras, restaurando a sua balança comercial ou obtendo uma vantagem nos preços. O interesse próprio nacional aponta para políticas que beneficiam a todos. As vantagens atribuídas ao protecionismo são pura ilusão.

Keynes estragou essa feliz concatenação de motivos egoístas e altruístas e nos mergulhou novamente em uma realidade incômoda, na qual quanto mais há o meu, menos há o seu.

7

NO TERRITÓRIO POR ELA CONQUISTADO, a *Teoria geral* possibilitou um grande avanço rumo à ciência, mas isso ilustra bem a tese de que as ideias são primeiro concebidas de forma metafísica. A preferência pela liquidez tem a mesma relação com a demanda de dinheiro nos termos da taxa de juros como a *utilidade* faz com a demanda de mercadorias em termos de poder de compra, e (como mercadorias e poder de compra) o dinheiro e a própria taxa de juros acabam se tornando conceitos incompreensíveis quando realmente tentamos defini-los. Resulta que a constância da propensão marginal a consumir com base em uma lei psicológica universal não passava de uma mera ilusão, e ainda não se encontrou uma definição genuinamente operacional da eficiência marginal do capital. Contudo, sem esses conceitos, é difícil ver como a *Teoria geral* pôde ter se levantado.

Aqui a metafísica é, por assim dizer, uma infusão fraca e removê-la não dá muito trabalho. O grande conceito portador de ideologia na *Teoria geral* é o próprio Pleno Emprego.

Consideremos primeiro as questões de definição.

Quando está interessado pela política prática, Keynes fala em um nível de emprego "satisfatório" e, no Livro Branco de 1944,[23] que marcou o reconhecimento oficial da vitória da revolução keynesiana (ainda que mesmo então o Tesouro não a engolisse), o governo assume a responsabilidade pela manutenção de um nível de emprego "elevado e estável".

Esse tipo de imprecisão é obviamente prudente quando se declara um objetivo da política. Ser demasiado definido é dar reféns aos descontentes. Na esfera científica, a imprecisão também é mais exata do que a precisão. Como indica o professor Popper, a ciência pode funcionar perfeitamente bem com termos vagos como "vento", e quando é preciso especificar uma faixa mais estreita de significado, isso se faz estabelecendo limites – "digamos 'vento de velocidade entre 32 e 64 quilômetros por hora'". "Nas "medições

---

23 Cmd. 6527.

físicas", diz ele, "sempre tomamos o cuidado de considerar o âmbito no qual pode haver um erro; e a precisão não consiste em tentar reduzir o âmbito a nada nem em fingir que ele não existe, e sim em reconhecê-lo explicitamente".[24]

Pleno emprego é uma concepção vaga. Em primeiro lugar, há um elemento bastante arbitrário nas horas semanais que constituem o tempo integral. Inclui-se a oportunidade de fazer horas extras ocasionais? E se assim for, quantas? A seguir, há a questão do número de corpos que constituem a força de trabalho disponível em qualquer momento. Mulheres casadas, estudantes, rentistas abastados – quem faz e quem não faz parte da força de trabalho? Além disso, há todo o problema do trabalho autônomo. Originalmente, inventou-se a locução "desemprego disfarçado" para designar o caso do vendedor de fósforos que aparecia na Rua Strand durante a crise. Ela se estendeu aos camponeses cuja propriedade era demasiado pequena para manter suas famílias produtivamente ocupadas. Mas quão produtivamente? O desemprego se transforma em baixa produção *per capita*. Nada disso importa para a análise positiva. As locuções podem ser definidas para cada problema da maneira adequada ao assunto a ser discutido e não necessitam que lhes deem mais precisão do que a questão.

Para um *slogan* ideológico essa imprecisão não serve. O Pleno Emprego é uma Coisa Boa concebida para ser atingível por uma política sensata. É um estado abençoado, como o equilíbrio. Nós temos de ser capazes de dizer o que ele é.

---

24 Popper, K. *The Open Society and its Enemies*, v.II, p.18.

Na sua definição inicial, Keynes distingue o desemprego involuntário do desemprego voluntário, que pode ser decorrente da "retirada do trabalho de um grupo de trabalhadores por um corpo de trabalhadores que não aceitam trabalhar por menos que certa recompensa real", e quanto ao desemprego involuntário:

> Os homens ficam involuntariamente desempregados se, no caso de um pequeno aumento do preço dos bens salariais em relação ao salário monetário, tanto a oferta agregada de mão de obra disposta a trabalhar pelo salário monetário atual quanto a demanda agregada dela por esse salário seriam maiores que o volume de emprego existente.[25]

Uma vez mais:

> Temos pleno emprego quando a produção se eleva a um nível em que o retorno marginal de uma unidade representativa dos fatores de produção tiver caído a um valor mínimo, no qual está disponível uma quantidade de fatores suficiente para obter essa produção.[26]

É a "desutilidade marginal do trabalho" que "define um limite superior"[27] para a produção potencial. A desutilidade do trabalho faz parte da bagagem marshalliana que Keynes levava consigo impensadamente.

Marshall descreve um menino colhendo amoras, que continua até que a *utilidade marginal* de outra fruta não baste para

---

25 Keynes, J. M. *General Theory*, p.15.
26 Ibidem, p.303.
27 Ibidem, p.26.

reembolsar a *desutilidade marginal* do esforço adicional.[28] Em suma, ele continua até se sentir predisposto a parar.

Para um trabalhador em um mundo sem seguro social, que tem de escolher entre aceitar um emprego com o salário vigente ou não receber salário nenhum, essa concepção está erradíssima. Talvez o motivo pelo qual Marshall não se deu conta de sua absurdidade esteja ligado ao sistema peculiar de remuneração dos professores de Oxford e Cambridge. Um docente recebe o seu dividendo universitário bem independentemente do número de unidades de esforço que ele faça e também pode ter alunos a tanto *per capita*. Nós todos sabemos como a desutilidade marginal dos alunos aumenta com o seu número, e, com uma renda básica dada independentemente, as diferenças na utilidade marginal da renda podem ser consideradas menos importantes.

Para um professor universitário, não deixa de ser atraente a ideia de separar a utilidade marginal da renda da desutilidade do trabalho experimentalmente. Pague-lhe um salário básico cada vez maior e então veja que a taxa *per capita* necessária para induzi-lo a tomar determinado número de alunos tem de ser variada. Mas infelizmente, isso não seria deveras científico. O valor do lazer não é independente do poder aquisitivo disponível. A desutilidade do trabalho pode realmente ser negativa se a alternativa for nada a fazer e nenhum lugar aonde ir, e é altíssima quando a alternativa for agrados encantadores e caros.

Qualquer medida que se proponha para a desutilidade do trabalho resultará elástica. Dentre todos os conceitos da bagagem

---

28 Marshall, A. *Principles*, p.331.

neoclássica, essa é a mais irremediavelmente metafísica. Keynes não lhe dava a menor importância e estava bastante disposto a aceitar uma definição simplória como alternativa: que há pleno emprego quando todos os que o quiserem tiverem emprego. Mas esse é um limite superior inatingível. Do ponto de vista ideológico, não adianta dizer que nunca se atingirá o Pleno Emprego.

Beveridge propôs o critério da relação entre o número de vagas não ocupadas e o de desempregados registrados. As duas cifras são indicadores muito toscos do que pretendem indicar e, mesmo que fossem suficientemente exatas, uma igualdade geral entre elas não representaria um ponto crítico na relação de oferta e procura de mão de obra, uma vez que a própria coincidência das vagas não ocupadas com os trabalhadores desempregados mostra que eles não se ajustam, ou porque estão geograficamente separados ou porque as vagas são para tipos particulares de trabalho que o desempregado não pode oferecer. Um excesso de vagas crescente ou decrescente sobre os desempregados é um indicativo bem útil, no curto prazo, dos movimentos da demanda, e uma queda em ambos indicaria, presumivelmente, uma melhora das condições gerais de mobilidade da mão de obra ou da versatilidade da administração. Mas não pode haver virtude em buscar um equilíbrio exato entre eles para indicar "Pleno Emprego" com iniciais maiúsculas.

(Para divagar um instante, é notável que, quando Beveridge estava escrevendo *Pleno emprego em uma sociedade livre*, de acordo com vários jovens keynesianos, propor um objetivo de desemprego *médio* de 3% parecia um bocado ousado. A ideia de não tocar nesse número durante mais de doze anos, de fato, 2% viriam a ser considerados perigosamente elevados, teria parecido uma ilusão extravagante naquele tempo.)

Desde o começo ficou óbvio que se chegássemos a atingir e manter um baixo nível de desemprego, com as mesmas instituições de negociações salariais livres e o mesmo código então obtido de conduta adequada para os sindicatos, a espiral viciosa de aumento dos preços e dos salários se tornaria crônica. Já naquele tempo era possível argumentar que "o ponto de pleno emprego, longe de ser um repouso do equilíbrio, mais parece ser um precipício em cuja beirada, uma vez alcançada, o valor do dinheiro tem de mergulhar em um abismo sem fundo".[29] Isso acabou se revelando uma triste verdade, e é ideologicamente muito incômodo, pois tanto o Pleno Emprego quanto os preços estáveis são Coisas Boas. A solução às vezes encontrada consiste em dizer que quando os salários sobem, há *excesso* de emprego, e definir o Pleno Emprego de modo a incluir desemprego suficiente para evitar que os salários nominais subam mais depressa que a produtividade. Isso geralmente vem acompanhado da suposição arbitrária de que um número definido, por exemplo, 3% de desemprego, manteria os preços estáveis e pela sugestão de que esse é um direito e é a política adequada para manter o nível postulado.[30]

Michal Kalecki, que descobriu a *Teoria geral* independentemente, dela tirou conclusões menos otimistas do que Keynes. Quando, durante a guerra, ficou claro que a nova teoria estava firmemente estabelecida e que o antigo ciclo comercial podia ser superado, ele previu que nós acabaríamos vivendo sob um ciclo comercial político:

---

29 Robinson, J. *Essays in the Theory of Employment*, p.24.
30 Cf. Meade, J. E. *The Control of Inflation*. Ver também Knowles, K. C.; Winster, C. B. Can the Level of Unemployment Explain Changes in Wages? *Oxford Institute of Statistics Bulletin*, maio 1959.

> Na depressão, seja sob a pressão das massas, seja mesmo sem ela, recorrer-se-á ao investimento público financiado por empréstimos para evitar o desemprego em grande escala. Mas se se fizerem tentativas de aplicar esse método para manter o elevado nível de emprego alcançado no *boom* subsequente, é provável que se tropece em uma forte oposição das "lideranças empresariais". Como já se argumentou, o pleno emprego duradouro está longe de ser do seu agrado. Os trabalhadores "escapariam ao controle" e os "capitães da indústria" ficariam ansiosos por lhes "dar uma lição". Além disso, o aumento dos preços no movimento ascendente é desvantajoso para os pequenos e os grandes *rentistas* e os torna "cansados do *boom*".
>
> Nessa situação, é provável que se forme um poderoso bloco entre a grande empresa e os interesses dos *rentistas*, e eles por certo encontrariam mais de um economista disposto a declarar que a situação era manifestamente doentia. A pressão de todas essas forças, e particularmente das grandes empresas – via de regra com muita influência no Estado –, provavelmente induzirá o governo a voltar à política ortodoxa para reduzir o déficit orçamentário. Seguir-se-ia uma recessão, na qual a política de gastos do governo voltaria a ser independente. [...]
>
> O regime do "ciclo político dos negócios" seria uma restauração artificial da posição tal como existiu no capitalismo do século XIX. O pleno emprego só seria alcançado no auge do *boom*, mas as recessões seriam relativamente leves e efêmeras.[31]

Talvez se devesse dar mais ênfase à cidade que à grande empresa e mais ênfase à política monetária que aos déficits orçamentários, mas no geral, o que se disse anteriormente mostrou-se bem próximo do correto.

Mesmo assim, a objeção ao desemprego baixo revelou-se relativamente fraca (pelo menos na Grã-Bretanha); decerto qualquer retorno

---

31 Kalecki, M. Political Aspects of Full Employment. *The Political Quarterly*, out.--dez. 1943.

ao desemprego pesado encontraria violenta resistência. De modo geral, o Pleno Emprego tornou-se um objetivo ortodoxo da política.

A noção de que o Pleno Emprego é alcançável passou a ser, como Keynes em certos estados de espírito pretendia que fosse, a nova defesa do *laissez-faire*. Basta remover um defeito evidente do sistema da empresa privada para que ele se torne, uma vez mais, um ideal.

O Pleno Emprego (com algumas ressalvas quanto a não permitir que ele venha a *sobejar*) tornou-se um objetivo da política conservadora e o mais forte argumento contra os críticos socialistas. "Vocês costumavam se queixar, agora nós admitimos com certa justificativa que um sistema capitalista que permite o desemprego pesado e crônico é indefensável. Agora lhe oferecemos um capitalismo com um nível de emprego elevado e estável. Você não tem do que se queixar."

Os críticos marxistas entenderam que a teoria de Keynes leva a conclusões que do seu ponto de vista são reacionárias. Por conseguinte, eles negam a lógica da sua análise e até se aliam com os protagonistas da fraude das finanças que Keynes foi o primeiro a atacar. Por exemplo, o professor Baran não se contenta em mostrar que um sistema econômico capaz de manter a prosperidade somente com gastos em armamento é uma ameaça à humanidade, moralmente abominável e politicamente abjeto; também acha necessário introduzir a Teoria Quantitativa da Moeda para mostrar que ela não pode funcionar porque as despesas governamentais causam inflação.[32]

Esse é mais um exemplo da confusão entre lógica e ideologia. Por ter mostrado um modo de o sistema capitalista eliminar o seu

---
32 Baran, P. A. *The Political Economy of Growth*, p.124.

defeito mais evidente, Keynes é um reacionário e, portanto, a sua teoria é equivocada.

Mas se a sua teoria fosse equivocada, seria bastante inofensiva. Só porque o diagnóstico foi correto é que se pode encontrar o tratamento eficaz, e a vida do paciente se prolonga, desconcertando os seus pretensos herdeiros.

O motivo pelo qual o pleno emprego se converteu em um *slogan* direitista é que, se o emprego é um fim em si, não se pode questionar o seu conteúdo. Para que serve o trabalho? Só para manter os trabalhadores bem-comportados. Todo produto é tão bom quanto qualquer outro.

Keynes disparou os seus paradoxos para penetrar nas grossas paredes do obscurantismo da antiga ortodoxia do *laissez-faire*:

> O antigo Egito era duplamente privilegiado e, sem dúvida, devia isso à fabulosa riqueza de possuir *duas* atividades: a construção de pirâmides e a busca de metais preciosos, cujos frutos não podiam ser consumidos para satisfazer as necessidades humanas nem podiam ser desprezados pela sua abundância. A Idade Média construía catedrais e entoava missas. Duas pirâmides ou duas missas valem o dobro de uma – bem que não seja assim quando se trata de duas linhas férreas entre Londres e York. Por esse motivo, somos tão precavidos, aprendemos de tal modo as maneiras e as aparências dos financistas cautelosos, pesando as coisas com tanto cuidado para não sobrecarregar as gerações futuras do ônus "financeiros", construindo moradias para elas, já que não dispomos desse modo fácil de fugir das penúrias do desemprego.[33]

---

33 Keynes, J. M. *General Theory*, p.131.

E ele argumenta a favor do desperdício quando não se considera lucrativa nenhuma saída útil para o investimento:

> Na medida em que os milionários encontram satisfação na construção de poderosas mansões para conter seus corpos em vida e de pirâmides para abrigá-los depois da morte ou, arrependidos de seus pecados, erigem catedrais e fazem doação a mosteiros e missões estrangeiras, o dia em que a abundância de capital irá interferir na abundância da produção pode ser postergado. "Cavar buracos no chão", pagos com a poupança, aumentará não apenas o emprego, mas também o verdadeiro rendimento nacional de bens e serviços úteis.

Mas acrescenta:

> No entanto, não é razoável que uma comunidade sensata fique satisfeita em continuar dependendo de tais lenitivos fortuitos e, muitas vezes, inúteis, uma vez que nós entendemos as influências das quais depende a demanda efetiva.[34]

Hoje em dia, os paradoxos são levados a sério e a construção de armas que se tornam obsoletas mais depressa do que podem ser fabricadas revelou-se muito melhor do que fizeram as pirâmides para manter o lucro sem aumentar a riqueza. A reincidência na Wall Street, que acompanha qualquer sintoma de relaxamento na Guerra Fria, é uma clara demonstração da correção da teoria de Keynes, mas também uma demonstração da falsidade da sua visão otimista de que, quando se compreendesse a teoria, a razão prevaleceria.

Ele mesmo era parcialmente culpado pela perversão das suas ideias, pois não se deu conta de que, uma vez estabelecido o princípio

---

34 Ibidem, p. 220.

de que a manutenção do emprego é um interesse público, o problema de para que serve o emprego passa a ser uma questão política.

No último capítulo de *Teoria geral*, citado anteriormente,[35] ele cai na falácia de supor que exista um tipo de política *neutra* que um governo possa buscar para manter a demanda efetiva em geral, sem ter influência sobre qualquer demanda seja lá do que for. O governo tem de assumir "a tarefa de ajustar entre si a propensão ao consumo e o incentivo para investir", porém é melhor deixar tudo o mais por conta do "jogo livre das forças econômicas".[36]

Essa é uma concepção metafísica tão incompreensível quanto *trabalho abstrato* ou *utilidade total*. O que é uma política que se restringe a ajustar a demanda de recursos suscetíveis de ser investidos à oferta?

Para aumentar a demanda efetiva que ameaça cair, podem-se empregar vários meios: reduzir a tributação ou transferir o ônus daqueles mais tendentes a aumentar o seu consumo para aqueles mais propensos a reduzir a sua poupança; estimular a concorrência a fim de reduzir as margens de lucro; aumentar os subsídios ou gastos com serviços sociais – meios esses que tendem a reduzir as desigualdades no consumo. Ou se podem aumentar as despesas governamentais com investimentos diretamente ou mediante indústrias nacionalizadas, ou é possível usar as reduções na política tributária e de crédito para estimular o investimento privado. Quando, pelo contrário, a demanda efetiva parecer excessiva, pode-se recorrer a impostos para inibir o consumo, à restrição de

---

35 Ver p.124.
36 Keynes, J. M. *General Theory*, p.379 e 380.

crédito e à redução das despesas governamentais. E tudo isso tem de ser trabalhado para preservar o equilíbrio do comércio em algum nível, assim como para preservar o emprego. O que é uma política neutra? Que mistura de tais meios é essa que deixa a empresa privada não afetada em conteúdo e age somente na quantidade?

Há em certos setores um grande afeto pela política de crédito porque parece a menos seletiva e, de algum modo, corresponde ao ideal de uma única regulação global neutra da economia. A enorme atração ideológica da Teoria Quantitativa da Moeda, que a manteve durante quase quarenta anos depois que o seu conteúdo lógico foi detonado,[37] se deve ao fato de ocultar o problema da escolha política sob um mecanismo aparentemente impessoal.

Experimentos recentes mostraram, porém, que não existe algo como uma política financeira global puramente quantitativa. Foi uma sorte a nossa ter tido um relatório oficial que finalmente descarta os velhos galimatias. Mas só por ser claro nesse ponto, o Comitê Radcliffe não tem recomendações precisas que fazer. Não há política simples e certa; tudo é uma questão de juízo.

A revolução keynesiana destruiu as velhas doutrinas soporíferas, e a sua metafísica é frágil e transparente. Deixou-nos na desconfortável situação de termos de pensar por nós mesmos.

---

37 Em *Tract on Monetary Reform* de Keynes.

5
Desenvolvimento e subdesenvolvimento

DEPOIS DA GUERRA, QUANDO O PROBLEMA da demanda efetiva deficiente parecia ter desvanecido no segundo plano, uma nova questão começou a se destacar: o desenvolvimento em longo prazo.

A mudança surgiu, em parte, da evolução interna da economia como matéria acadêmica. A solução de um problema abre o seguinte; uma vez estabelecida a teoria do curto prazo de Keynes, na qual o investimento tem o papel principal, era evidentemente necessário discutir as consequências da acumulação de capital ocasionada pelo investimento.

Mais ainda, a mudança no centro de interesse deveu-se a problemas urgentes engendrados pela situação real. As nações do mundo pareciam estar divididas em três grupos (com alguns casos excepcionais em cada um deles). O primeiro compreendia as economias industriais avançadas, cujos habitantes desfrutavam de um nível relativamente elevado de consumo *per capita* (em termos de bens e serviços adquiridos), competindo entre si com fortunas variadas, com a produção média total a crescer a uma taxa moderada. O segundo abrangia economias em grande parte ainda agrícolas e em rápido processo de industrialização sob instituições socialistas. E o último continha um grupo variado de regimes coloniais, neocoloniais e ex-coloniais, muitos deles às voltas com uma violenta explosão demográfica resultante da importação de uma taxa de mortalidade modernizada em regiões em que ainda prevalecia a taxa de natalidade primitiva, clamando por escapar ao *status* de trabalhadores braçais para o próspero Ocidente e por se estabelecer como nações prósperas.

Nessa situação, tanto a análise neoclássica estática da alocação de determinados recursos entre vários usos quanto a análise keynesiana de curto prazo de como determinados recursos são empregados parecem bastante inadequadas. Uma análise dinâmica de longo prazo de como se podem aumentar os recursos é do que agora precisamos.

1

AO EVOCAR O ENSINO TRADICIONAL para deitar um pouco de luz na questão do desenvolvimento a longo prazo, nós encontramos em toda parte previsões de que a taxa de lucro tenderá a cair e de que a acumulação de capital chegará ao fim. Apresentam-se várias razões bem diferentes a favor dessa visão; hoje em dia, nenhuma delas parece ser convincente.

Para Ricardo, o problema está na limitação dos recursos naturais. Na versão mais simples da sua teoria, o capital se acumula, oferecendo emprego a uma força de trabalho cada vez maior (suprida pelo crescimento demográfico) em troca de uma taxa salarial fixa em termos de trigo (que representa os produtos agrícolas em geral). Para aumentar a produção de trigo, é necessário expandir o cultivo a terras inferiores. O lucro por homem empregado é o excedente do salário/trigo do produto líquido por homem na terra de menor rendimento (sendo que toda a vantagem da terra superior vai para os proprietários na forma de aluguel). Como o produto líquido por homem diminui à medida que o cultivo se expande e o valor de trigo do capital por homem empregado tem mais probabilidade de aumentar que de diminuir, a taxa de lucro do capital cai com o passar do tempo. No fim, o motivo de mais investimento desaparecerá e a acumulação chegará ao fim.

Considerando que o ritmo em que a população mundial vem crescendo, todos aspirando a atingir o nível de destruição *per capita* dos recursos naturais atualmente predominante nos Estados Unidos, é bem possível que o problema de Ricardo não tarde a se tornar realidade. Mas enquanto isso, a agricultura sofre uma falta de demanda efetiva para se expandir tão rapidamente quanto a produção física, com mais frequência do que infrequência.

Marx assumiu a teoria ortodoxa de uma tendência de queda na taxa de lucro e proporcionou uma razão própria para explicá-la. Segundo a sua explicação, a composição orgânica do capital tende a aumentar com o passar do tempo, coisa que se pode interpretar como um aumento geral do valor do capital por homem empregado (calculado em termos de tempo de trabalho) em virtude de um viés de uso do capital no progresso técnico. A participação na renda da indústria que vai para o lucro líquido não sobe tão rapidamente quanto o valor do capital por homem. Consequentemente, a taxa de lucro sobre o capital cai. É possível atacar essa proposição sobre bases lógicas,[1] porém é mais simples rejeitar o seu fundamento empírico. É verdade que o capital físico por homem, medido em cavalos-vapor ou em toneladas de aço, é incrementado pela tecnologia moderna, mas como a produção *per capita* pode aumentar com a mesma rapidez tanto na produção de bens de capital quanto no seu uso, não há razão necessária para que o valor do capital por homem, no sentido de Marx, aumente; recentemente, parece, pelo contrário, ter diminuído.

O esquema neoclássico se estabelece nos termos da posição de equilíbrio de uma economia em "determinado estado de conhecimento técnico"; uma invenção é tratada como um choque que faz com que a economia salte de um equilíbrio a outro.

Comparando as posições de equilíbrio, é possível mostrar, a partir da definição de "determinado conhecimento", que os usos do capital são menos lucrativos quanto maior a quantidade de capital por homem (embora os termos em que a quantidade há de ser calculada geralmente sejam mantidos muito vagos). Então, o argumento parte da comparação das posições de equilíbrio para a sugestão de que a acumulação de capital, considerada como um processo que se dá ao longo do tempo, deve ser acompanhada de uma taxa de lucro em queda. No entanto, a transição de uma comparação para um processo levanta todas as questões que devem ser discutidas.

---

1 Cf. Robinson, J. *An Essay on Marxian Economics*, capítulo V.

Marshall suspeitava das fórmulas pré-arranjadas e abordou "o alto tema do progresso econômico"[2] com desconfiança e cautela, mas parece apoiar em geral a visão de que uma rápida taxa de poupança tende a deprimir a taxa de juros (que ele identifica com a taxa de lucro) aumentando o estoque total de capital relativamente à demanda dele.

Na teoria do curto prazo de Keynes, o investimento está sempre a caminho de um fim porque ele ocorre em um *boom*; uma alta taxa de lucro é gerada para o mercado vendedor enquanto o investimento prossegue, mas o aumento da capacidade produtiva produzido pelo investimento tende a levar o mercado vendedor a um fim.

Quando se volta para o longo prazo, ele pensa em uma taxa de lucro caindo a ponto de desaparecer, não como uma tendência natural do capitalismo, mas como um objetivo de política deliberada.

> Tenho certeza de que a demanda de capital está estritamente limitada, no sentido de que não seria difícil aumentar o estoque de capital até um ponto em que sua eficiência marginal caia a uma cifra muito baixa. Isso não significa que o uso de bens de capital não custaria quase nada, mas apenas que sua retribuição teria de cobrir pouco mais do que seu esgotamento por causa do desperdício e da obsolescência, mais uma certa margem para cobrir o risco e o exercício da habilidade e do julgamento. Em resumo, o rendimento agregado dos bens duráveis no curso de sua vida, como no caso dos bens não duráveis, só cobriria seus custos de mão de obra especializada e supervisão.
>
> Ora, ainda que esse estado de coisas seja bastante compatível com certo grau de individualismo, mesmo assim significaria a

---

2 Marshall, A. *Principles*, p.461.

eutanásia do rentista e, consequentemente, a eutanásia do poder opressivo cumulativo do capitalista para explorar o valor da escassez de capital. Os juros hoje não recompensam nenhum sacrifício genuíno, como tampouco o faz a renda da terra. O proprietário do capital pode obter juros porque o capital é escasso, assim como o dono da terra pode obter renda porque a terra é escassa. Embora haja razões intrínsecas para a escassez da terra, não há, entretanto, razões intrínsecas para a escassez de capital. Uma razão intrínseca, no sentido de um sacrifício genuíno que poderia ser invocado pela oferta de uma recompensa em forma de juros, não existiria a longo prazo, exceto no caso da propensão individual a consumir que demonstre ser de tal caráter que a poupança líquida em condições de pleno emprego chegue ao fim antes que o capital tenha se tornado suficientemente abundante. Porém, mesmo assim, seria possível que a poupança da comunidade, por intermédio do Estado, se mantivesse em um nível que permitisse o crescimento do capital até o ponto em que deixasse de ser escasso.[3]

[...]

Se tenho razão ao supor que é comparativamente fácil tornar os bens de capital tão abundantes que a eficiência marginal do capital seja zero, essa pode ser a forma mais sensata de se desfazer gradualmente de muitas das características objetáveis do capitalismo. Pois uma pequena reflexão mostrará as enormes mudanças sociais que resultariam do desaparecimento gradual de uma taxa de retorno sobre a riqueza acumulada. Um homem continuaria sendo livre para acumular a renda obtida a fim de gastá-la em uma data posterior. Mas sua acumulação não cresceria. Ele estaria simplesmente na posição do pai de Pope, que, quando se aposentou dos negócios, levou consigo o cofre de guinéus à sua casa de campo em Twickenham e pagava as despesas do seu lar conforme as suas necessidades.[4]

---

3 Keynes, J. M. *General Theory*, p. 375-6.
4 Ibidem, p. 221.

Assim, a previsão de uma taxa de lucro em queda foi transformada de pesadelo em um devaneio agradável.

2

QUANDO CONFRONTADAS COM DADOS ESTATÍSTICOS, as teorias tradicionais não se mostram nada bem. Para os países industrializados avançados, particularmente os Estados Unidos, os números parecem mostrar um forte aumento (a média dos *booms* e das quedas) do valor do capital por homem, com mudanças relativamente pequenas, de um modo ou de outro, na razão entre a produção e o capital ou na participação dos lucros na renda total. Isso indica uma taxa de lucro sobre o capital mais ou menos constante. O progresso técnico e a disponibilidade de recursos naturais foram evidentemente fortes o bastante para ridicularizar as previsões baseadas em retornos decrescentes, em composição orgânica crescente ou em produtividade marginal em queda.

O ponto fraco da doutrina neoclássica é tratar o progresso técnico como um choque ocasional que desloca a posição de equilíbrio do sistema. Harrod nos colocou em uma nova linha ao tratar o progresso técnico como uma propensão inerente a uma economia industrial.

A famosa fórmula $c = p/r$ – o crescimento percentual da renda total por ano é igual à proporção da renda poupada dividida pela razão entre capital e renda anual – expressa a noção de que a produção por unidade de capital pode ser considerada constante enquanto o estoque de capital aumenta; quando o emprego da mão de obra não aumenta no mesmo ritmo, isso significa que a produção por homem cresce tão rapidamente quanto o capital por homem. Em diversas versões, a fórmula de um crescimento constante foi apresentada, aparentemente de forma bastante independente entre si, por Harrod,[5] Domar,[6] e Mahalanobis;[7] eles também tiveram um precursor no economista soviético Fel'dman.[8] Tais coincidências (como a coincidência do descobrimento por Kalecki da teoria de Keynes) são uma indicação de que se alcançou um estágio na evolução de uma disciplina quando há um determinado passo seguinte a ser dado.

A fórmula desconsiderou a carga das suposições tradicionais. Quando as invenções, as descobertas e os melhoramentos no transporte abrem novas fontes de matérias-primas com rapidez suficiente, não há retornos decrescentes. Quando o progresso técnico é neutro, não há necessidade de aumentar a composição orgânica. Quando ele é bastante rápido, não há queda da produtividade marginal. Se tirarmos os antolhos tradicionais, teremos campos mais vastos que vistoriar.

A fórmula prestou uma grande contribuição negativa ao desenvolvimento da economia; ela marca, por assim dizer, o divisor de águas entre a análise keynesiana e a moderna; mas considerada como uma contribuição positiva para o pensamento, não se mostrou tão útil.

---

5 Harrod, R. F. An Essay in Dynamic Theory. *Economic Journal*, mar. 1939.
6 Domar, E. D. Capital Expansion, Rate of Growth and Employment. *Econometrica*, abr. 1946.
7 Mahalanonbis, P. C. Some Observations on the Process of Growth of National Income. *Shankhya*, set. 1953.
8 Fel'dman, G. A. On the Theory of Economic Growth. *Planovoe Khoziaistvo*, nov. 1928. Ver Domar. *Essays in the Theory of Economic Growth*.

A fórmula parece sugerir que a taxa de crescimento de uma economia é determinada por condições técnicas (que dentro de certos limites fixam a razão entre o capital e a renda) e a propensão da população a poupar. Isso não toma em consideração o elemento mais importante em todo o caso – as decisões que regem a taxa de acumulação de capital.

Em uma economia de empresa privada, as decisões de investir são tomadas à luz dos lucros prospectivos e, como mostra a *Teoria geral*, os lucros prospectivos são deprimidos, não incrementados, por indivíduos frugais que se abstêm de gastos de consumo. A frugalidade em si é um fator deflacionário e depressivo em uma economia de mercado; é útil para a acumulação só na medida em que a propensão a investir for forte o suficiente para tender a gerar condições inflacionárias. Quando a propensão a investir é fraca, a frugalidade não faz senão tornar tudo mais fraco ainda.[9]

A primeira questão a ser discutida em uma teoria do desenvolvimento sob a empresa privada deveria ser: o que rege a taxa geral de acumulação de capital? O ensino aceito, ainda dopado pela análise do equilíbrio estático, tem pouquíssimo a dizer sobre essa questão.

---

9 Claro está, Harrod pretendia enfatizar somente este ponto, mas o fez de maneira confusa. Ele considera que a taxa de lucro do capital é, de algum modo, determinada pela taxa de juros. A sua "taxa de crescimento garantida" nao e a taxa de acumulação que as empresas *querem* realizar com essa taxa de lucro, e sim a taxa que elas *têm de* realizar para que essa taxa de lucro seja realizada. A taxa "garantida" aumenta quanto maior for a propensão da comunidade a poupar. A parcimônia maior requer uma taxa de crescimento mais elevada, mas não dá nenhum motivo para isso.

Na parte formal da teoria de Keynes, a taxa de investimento tende a ser tal que ponha em pé de igualdade a eficiência marginal do capital e a taxa de juros. Isso é puramente formal. A eficiência marginal do capital significa o lucro que se espera obter de um investimento, *permitindo risco e incerteza*. A afirmação segundo a qual a eficiência marginal do capital é igual à taxa de juros significa unicamente que o prêmio pelo risco é a diferença entre os lucros esperados e a taxa de juros relevante.

Na criação de modelos de ciclo comercial, é comum distinguir o investimento "autônomo", que é independente de influências de curto prazo, daquele induzido por mudanças recentes no nível de renda ou de lucros. Para uma análise de longo prazo, nós precisamos saber justamente o que rege o investimento "autônomo".

Kalecki postula que os planos de investimento são limitados pelas finanças. O financiamento é fornecido pelos lucros retidos das empresas que realizam o investimento e dos empréstimos, que são limitados a algum coeficiente de autofinanciamento. Transposto do seu modelo de ciclo comercial a um cenário de longo prazo, isso só mostra que o investimento (em termos monetários) tem inércia; caso a taxa de investimento se haja elevado no passado recente, os lucros hão de ter sido elevados, e os fundos estarão disponíveis para manter uma alta taxa de investimento. Caso ela tenha sido baixa, os lucros baixos e o poder de empréstimo limitado a manterão baixa. Isso, antes de mais nada, não lança nenhuma luz sobre o que rege o nível de investimento.

Marx exclama: "Acumular! Acumular! Isso é Moisés e os Profetas". Os capitalistas investem porque é da sua natureza fazê-lo.

Keynes não leva a sério o seu próprio modelo formal:

É uma característica da natureza humana que grande parte de nossas atividades positivas dependa mais do otimismo espontâneo do que de uma expectativa matemática, seja moral, seja hedonista, seja econômica. A maioria, provavelmente, de nossas decisões de fazer algo positivo, cujas consequências plenas se estenderão durante muitos dias futuros, só pode ser tomada como resultado de espíritos animais – de um impulso espontâneo à ação em vez da inação, e não como o resultado de uma média ponderada de benefícios quantitativos multiplicados por probabilidades quantitativas. A empresa só pretende ser impulsionada principalmente pelas declarações de seu próprio prospecto, ainda que sejam cândidas e sinceras. Somente pouco mais do que uma expedição ao Polo Sul, isso se baseia em um cálculo exato de benefícios futuros. Assim, se os espíritos animais diminuírem e o otimismo espontâneo fraquejar, deixando-nos depender de nada mais que uma expectativa matemática, a empresa desvanecerá e morrerá; ainda que os temores de perda tenham uma base não mais razoável que antes tiveram as esperanças de lucro.[10]

Para compreender as motivações para o investimento, nós temos de compreender a natureza humana e o modo como ela reage aos vários tipos de sistemas sociais e econômicos nos quais tem de operar. Ainda não chegamos longe o suficiente para dar forma algébrica a isso.

Apesar do seu frágil tratamento dos determinantes da acumulação, o modelo de Harrod fez uma importante contribuição à discussão. Ele enfatiza a distinção entre a taxa de acumulação necessária para realizar a taxa de crescimento "natural", isto é, a taxa de crescimento tecnicamente possível, e a taxa que realmente ocorre na economia não planejada de empresa privada.

---

10 Keynes, J. M. *General Theory*, p.161.

A taxa "natural" de crescimento é regida pela taxa de crescimento da força de trabalho (deixando de lado as complicações de mudança de horário de trabalho etc.) e a taxa de crescimento da produção *per capita* (que Harrod considera regida pelo progresso técnico "autônomo"). O seu diagnóstico é que a acumulação real normalmente fica aquém da taxa necessária para realizar a taxa tecnicamente possível de crescimento da produção. Nos países pobres, especialmente quando o crescimento demográfico é rápido, é impossível extrair poupança suficiente. Nos países ricos, a propensão a investir é demasiado fraca.[11]

É, evidentemente, uma simplificação irrealista tornar o progresso técnico completamente autônomo. Há uma forte ligação entre o impulso para acumular e o impulso para aumentar a produtividade.[12] Isso acrescenta *a fortiori* força ao argumento. Quando uma economia capitalista enfrenta a escassez de força de trabalho enquanto o impulso a acumular é forte, ela se propõe a encontrar melhoras que economizem a mão de obra e, como elas se aplicam particularmente ao modelo de equipamento, é tão provável que elas reduzam a razão capital/renda quanto que a incrementem. Em suma, a taxa de crescimento possível é aumentada pelo próprio fato de a taxa realizada ser elevada.

---

[11] Isso é expresso na terminologia de Harrod por uma taxa de crescimento garantida – isto é, uma propensão a poupar – que é demasiado elevada.

[12] Isso é enfatizado por Kaldor (*Essays on Economic Stability and Growth*, p. 267), mas, infelizmente, ele torna a taxa de progresso técnico (mostrada pela altura da sua curva de progresso técnico) autônoma e permite apenas o grau de viés em direção ao uso de capital ou à poupança de capital (mostrado por um ponto na curva) ser influenciado pela taxa de acumulação (mostrada pelo valor de x no diagrama).

Obviamente, não se pode esperar que a resposta do progresso técnico a uma demanda excessiva de mão de obra trabalhe sem limites. A taxa de aumento da produção *per capita* não poderia ser pressionada a crescer indefinidamente sem causar uma queda da taxa de lucro. Mas nós não sabemos onde fica o limite, pois o sistema nunca foi pressionado durante tempo suficiente para que o descobríssemos.

Por outro lado, é claro que a falta de demanda de força de trabalho não inibe o progresso técnico. A luta competitiva entre as empresas, assim como a adaptação ao uso industrial das descobertas na causa da ciência ou da guerra, aumenta continuamente a produtividade mesmo quando há um excedente de mão de obra disponível. Então, o fracasso da taxa de crescimento real em acompanhar a taxa "natural" aparece na forma de desemprego tecnológico.

A análise de Harrod das relações entre a acumulação real de capital e a acumulação necessária à realização da taxa máxima de crescimento compatível com um nível constante da taxa de lucro abre muitas linhas interessantes de investigação. Em particular, a tendência à estagnação que está emergindo uma vez mais nos Estados Unidos pode se considerar devida não a uma falha dos recursos reais em se expandir por causa do "fechamento da fronteira", nem à saturação das necessidades reais, mas sim ao fracasso da indústria em manter a oferta de emprego em expansão tão rápida quanto a da força de trabalho.

Essas linhas de investigação têm sido muito pouco seguidas, talvez por conduzirem a uma distância alarmante do caminho batido da análise do equilíbrio.

3

A BUSCA DE UMA TEORIA DA ACUMULAÇÃO renovou o interesse pela questão da origem do capitalismo industrial, que costumava ser discutida nos termos da teoria de Weber da influência econômica do protestantismo (a teoria de Sombart segundo a qual tudo se devia ao catolicismo nunca teve muito sucesso).[13]

Walt Whitman Rostow[14] fez uma aposta ousada para conquistar o mercado com a doutrina de que a industrialização começa como uma reação à humilhação nacional. Há um caso em que isso se ajusta muito bem – a Restauração Meiji em 1867 no Japão. Ela não explica por que a reação na China teve de esperar até 1949. Além disso, a humilhação contra a qual o Japão reagiu era o impacto do próprio capitalismo. A descoberta de que havia no mundo povos cuja riqueza e cujo poder se baseavam em técnicas industriais levou o Japão, digamos que por um ato de vontade nacional, a dominar as técnicas e a se destacar entre as potências. Esse tipo de reação pode explicar a expansão do capitalismo, mas não a sua origem. Atribuir a Revolução Industrial à humilhação da Inglaterra por van Tromp é totalmente inverossímil.

Há uma teoria menos conhecida que parece mais promissora. É formulada por um discípulo de Veblen, o professor C. E. Ayres.[15] Ele propõe a questão: "Por que a Revolução Industrial ocorre na

---

13 Sombart, W. *The Bourgeois*, cap. xix.
14 Rostow, W. W. *The Stages of Economic Growth*.
15 Ayres, C. E. *The theory of Economic Progress*. North Carolina: University of North Carolina Press, 1944.

Europa ocidental e nos tempos modernos? Por que não na China ou na Grécia antiga?"¹⁶

> O que é único na história da cultura da Europa ocidental? Essa região foi o legado residual de milhares de anos de civilização na região do Mediterrâneo, porém muitas outras também o foram. Os vales do Nilo e da Mesopotâmia ainda são habitados. No que a Europa Ocidental difere deles?¹⁷

Ele encontra a resposta no fato de a Europa Ocidental ser "a região fronteira da civilização mediterrânea".

> Uma fronteira é um fenômeno de penetração. É uma região à qual as pessoas chegam de outro e mais antigo centro de civilização, trazendo consigo as ferramentas e o material da sua vida mais antiga, os seus cereais, vinhas e árvores frutíferas, os seus animais domésticos e acessórios, as suas técnicas de trabalhar a pedra e a madeira, os seus projetos arquitetônicos e tudo o mais. Elas também trazem as suas crenças e "valores" imemoriais, os seus costumes e tradições. Mas é notório que estes últimos invariavelmente sofrem certa redução de importância nas condições de vida na fronteira. A existência na fronteira é, como dizemos, livre e fácil. A observância meticulosa do sabá e das regras gramaticais é, de certo modo, menos importante do que no "país de origem".¹⁸

Ele atribui o progressismo tecnológico ao fraco domínio da religião sobre a sociedade:

---

16 Ibidem, p.129.
17 Ibidem, p.132.
18 Ibidem, p.133.

Deve-se reconhecer a Igreja como a ponta de lança da resistência institucional à mudança tecnológica. Sob a liderança da Igreja, a sociedade feudal se opôs e proibiu todas as grandes inovações das quais a sociedade industrial é o resultado; mas essa oposição foi ineficaz – do ponto de vista da evolução industrial, felizmente – e a sua ineficácia não se deveu a nenhuma diferença acentuada de temperamento e propósito que se possa conceber para distinguir o cristianismo dos outros credos, mas sim ao fato de ele ser, afinal, um credo estrangeiro que pesou muito menos nos povos ocidentais do que o islã nos árabes, o hinduísmo na Índia ou o confucionismo na China. Quando somos tentados a pensar a Igreja como a quinta-essência da civilização medieval, convém parar e nos perguntar quem foi, afinal, o símbolo mais significativo da cultura europeia, São Tomás ou o seu contemporâneo, o imperador Frederico ii? [...][19]

A experiência real dos povos europeus foi a de uma comunidade fronteiriça dotada de um conjunto completo de ferramentas e materiais derivados de uma cultura mãe e, depois, quase completamente separada do sistema de poder institucional da sua matriz. O resultado foi ímpar. É improvável que a história ofereça outro exemplo de quaisquer área e população comparáveis tão ricamente dotado e tão completamente separado. Que a Europa Ocidental tenha sido a sede de uma grande civilização nos séculos seguintes deveu-se inteiramente a essa dádiva, da qual não se perdeu nenhuma parte importante; que ela tenha sido, dentre todas as grandes civilizações da época, incomparavelmente a mais jovem, a menos rígida e menos reprimida do que qualquer outra pelas acumulações seculares de poeira institucional, de longe a mais suscetível que qualquer outra à mudança e à inovação, deveu-se à separação única. Quase certamente, foi esse caráter composto que fez da civilização da Europa medieval a mãe da Revolução Industrial.[20]

---

19 Ibidem, p.135.
20 Ibidem, p.137.

Na opinião do professor Ayres, as grandes invenções que levaram a revoluções técnicas são essencialmente novas combinações de ferramentas concebidas para diversos desígnios:

> Assim, o avião é uma combinação de um papagaio de papel com um motor de combustão interna. O automóvel é uma combinação de um carrinho com um motor de combustão interna. O próprio motor de combustão interna é uma combinação da máquina a vapor com um combustível gasoso que substitui o vapor e é explodido pela combinação adicional da faísca elétrica. Isso é falar amplamente, é claro. Na prática real, a maior parte das combinações é muito mais pormenorizada. O que é apresentado ao público como uma "nova" invenção geralmente é o produto final de uma longa série de invenções. [...][21]

> Admitindo que as ferramentas sempre são de homens que têm a capacidade de usá-las e, portanto, a capacidade de usá-las conjuntamente, as combinações estão predestinadas a ocorrer. Segue-se, além disso, que quanto mais ferramentas houver, maior será o número de combinações potenciais. Se nós nada soubéssemos de história, mas tivéssemos de algum modo entendido a natureza das nossas ferramentas, poderíamos deduzir que o desenvolvimento tecnológico deve ter sido um processo acelerado, quase imperceptivelmente vagaroso nos seus estágios iniciais e vertiginosamente rápido na sua fase mais recente.[22]

As pré-condições para a Revolução Industrial foram geradas por um acúmulo de tais combinações. Por exemplo, a descoberta do Novo Mundo obviamente teve um papel importante na preparação do palco. Na visão do professor Ayres, foi consequência do

---

21 Ibidem, p.112.
22 Ibidem, p.119.

desenvolvimento de navios oceânicos resultantes da combinação das tradições de construção naval mediterrâneas com as viquingues:

> Os navios que começaram a atravessar os oceanos no fim do século xv foram uma combinação desses dois tipos. Nós não sabemos exatamente como ou quando a combinação ocorreu. Talvez tenha sido nos estaleiros da costa do Golfo da Biscaia, onde a cultura viquingue, fluindo para o sul, encontrou a cultura mediterrânea que fluía para o norte. Mesmo assim, passou um tempo considerável até que a reunião fosse frutífera; mas isso pode servir para enfatizar dois pontos: que a combinação não foi deliberada e não tinha nenhum "fim" especial em mente (como as Índias), e que um navio não é um dispositivo simples, e sim uma massa de traços culturais, de modo que essa combinação quase inevitavelmente seria a lenta função de uma amalgamação cultural geral e de um desenvolvimento tecnológico geral. Mas parece ser uma conjectura bastante segura que a era das viagens e das descobertas foi uma função dos navios, que os navios oceânicos à vela resultaram de uma combinação de diversos tipos de dispositivos anteriores e que a combinação resultou do contato cultural.[23]

Uma vez que existiam navios, as descobertas estavam "fadadas" a acontecer.

A característica especial da Europa ocidental não era que tais combinações ocorressem lá, pois ocorrem em toda parte, mas que lá os "padrões cerimoniais" de comportamento opunham uma resistência mais frágil à disseminação de novas invenções do que nas civilizações mais antigas.

---

23 Ibidem, p.143.

Essa concepção deita luz naquele que, de alguns pontos de vista, é o problema não solucionado da atualidade – o desenvolvimento econômico relativamente lento da Índia sob instituições copiadas da democracia parlamentar contrastou com o da China sob a direção do Partido Comunista. O liberalismo ocidental limitou-se a aquecer a superfície das águas profundas da tradição indiana, ao passo que, na China, uma violenta reversão de ideias abriu caminho para mudanças rápidas na tecnologia e nas formas sociais adequadas para explorá-las.

Não obstante, a analogia mais próxima com a partida das legiões da Grã-Bretanha e da Gália está na África Negra. Aqui a mais moderna tecnologia está chegando ao conhecimento de povos muito pouco sobrecarregados por tradições antigas; se a teoria do professor Ayres estiver correta, eles estão destinados a superar todos nós no devido tempo.

4

DENTRE TODAS AS DOUTRINAS ECONÔMICAS, a mais relevante para os países subdesenvolvidos é a associada a Malthus. Não que se possa aplicar claramente a sua teoria da população aos seus problemas, mas porque o seu próprio nome chama a atenção para o fato simples e doloroso de que quanto mais rápido é o crescimento dos números, mas lento é o crescimento da *renda per capita*.

Geralmente, a discussão ainda é conduzida, como no início, apenas em termos de provisões alimentares. Por um lado, a nossa carne é feita para rastejar em meio a previsões de fome em massa e, por outro, dizem-nos que um número astronômico de corpos poderia ser alimentado pelo cultivo científico da terra e pela agricultura oceânica. Mesmo que a visão otimista se revele correta, está inteiramente fora de questão. A questão não é o que poderíamos fazer se realmente tentássemos produzir por acre. A questão é o que nós já sabemos que podemos fazer para produzir por homem. O modo de aumentar a produção por homem é fornecendo equipamento e educação. Nos países subdesenvolvidos, há massas de trabalhadores empregados com um nível baixíssimo de produtividade ou praticamente sem emprego nenhum. Equipá-los e treiná-los para um nível razoável de produção é um trabalho e tanto. Na medida em que os números crescem, o período em que todos estarão equipados vai sendo adiado; *a fortiori* o momento em que uma elevação completa para níveis mais altos de produtividade pode ser definida.

É verdade que, com a organização adequada, não há por que haver desemprego, como demonstraram os chineses. As mãos nuas de um homem sempre podem fazer algo útil. O desemprego e o subemprego em massa que hoje afligem o mundo mostram um defeito nas instituições sociais e econômicas. Isso não quer dizer que seja fácil corrigi-lo. É muito mais fácil construir máquinas do que reorganizar a sociedade. A questão é que, mesmo que isso pudesse ser resolvido, o nível de produção permaneceria miseravelmente baixo. *Mais* homens com *mais* mãos nuas, mesmo que não diminuam a média, dificultam que ela aumente. Concedida a organização perfeita, livre de instituições sociais inadequadas, operada com probidade e sabedoria, ainda há um limite para a quantidade de investimento que pode ser realizado por qualquer força de trabalho (contando as exportações usadas para pagar equipamento importado como parte do investimento). O limite é fixado pelo excedente por homem empregado na produção de meras necessidades de consumo sobre o seu próprio consumo. A razão entre o excedente e o consumo por homem determina a proporção máxima da força de trabalho que se pode destinar ao investimento. (Isso, obviamente, é uma simplificação grosseira de uma questão intrincada, mas o princípio principal permanece, por mais sofisticado que seja com complexidades.)

Ora, dada a proporção de recursos dedicados ao investimento, é óbvio que o equipamento *per capita* aumentará tão mais depressa quanto mais lento for o crescimento do número de empregados. O argumento é igualmente óbvio quando aplicado à habitação e às amenidades das cidades, bem como à construção de um estoque de médicos, professores etc., coisa que não é de modo algum a parte menos importante de um programa de investimento.

A questão da população suscita tanta emoção e toca em complexos tão profundamente arraigados que a lógica fica praticamente sem papel na discussão e o anterior ponto simples muitas vezes passa despercebido ou chega até a ser negado.

O catolicismo ortodoxo e o marxismo ortodoxo coincidem em contestar a existência de um suposto problema populacional (ainda que, ultimamente, ambos pareçam vir atenuando um pouco a sua atitude). Seria possível compreender o argumento religioso se se manifestasse assim: "A atual explosão demográfica tem causado grande miséria a muitíssimas vidas e impedido que muitos alcancem um modesto conforto. Mas a contracepção é um pecado. É um erro ajudar os outros a cometerem pecados (mesmo que não sejam cristãos) e evitar a miséria não é uma desculpa." Os religiosos, porém, geralmente não gostam de pôr um preço tão alto na virtude; preferem fingir que não há problema. "Com cada boca, Deus envia um par de mãos." É bem verdade, mas Ele não envia nenhuma colheitadeira. Quanto aos marxistas, é impossível não desconfiar que eles sabem o que fazem e têm lá os seus motivos para não o dizer.

Também há um problema populacional no setor industrializado avançado do mundo. Costumava-se dizer que o desenvolvimento demográfico passa regularmente por três etapas. Primeiro há um equilíbrio primitivo entre alta taxa de natalidade e alta taxa de mortalidade. A seguir, os melhoramentos modernos em medicina e suprimentos alimentares reduz a taxa de mortalidade, provocando a explosão demográfica. Pouco a pouco, com educação melhor, o aumento da proporção da população urbana para a rural e um padrão de vida mais elevado, a taxa de natalidade cai até que se alcance um equilíbrio civilizado. A experiência mais recente sugere que, depois de passar por um ponto baixo (no qual se ouvem gritos de "Suicídio da raça!"), a taxa de natalidade volta a crescer. Nós já não podemos esperar que a mera disseminação do controle de natalidade e do planejamento familiar baste para manter os números sob controle.

O aumento da população no mundo ocidental (especialmente nos Estados Unidos) começou em uma época em que o progresso técnico também é rápido. A taxa de crescimento "natural" no sentido de Harrod[24] está evidentemente à frente da acumulação, e os Estados Unidos parecem entrar gradualmente em uma espécie

---

24 Ver p.151-152.

de subdesenvolvimento de alto nível, com as oportunidades de emprego aquém da força de trabalho disponível. Até certo ponto, isso é atenuado por uma espécie de desemprego disfarçado de alto nível em serviços de pequena escala.

Não obstante, o efeito mais perceptível de um crescimento em números, quando ocorre em um alto padrão de vida, é o modo como os seres humanos destroem as amenidades entre si, entulhando o país com os seus corpos, as suas casas e os seus automóveis. Então, as deseconomias externas de consumo são tão afetadas que deixam a teoria da utilidade completamente em ruínas.

5

NO PASSADO, AS GRANDES INVENÇÕES REVOLUCIONÁRIAS surgiam acidentalmente, por acontecimentos históricos fortuitos, como a abertura das comunicações entre a Europa e a China pelo império mongol, que levou à adaptação da impressão às línguas alfabéticas.[25] Atualmente, a pesquisa é direcionada conscientemente para a solução de problemas técnicos (ainda que, infelizmente, a maior parte se dedique ao que se chama eufemisticamente de defesa). A evolução da sociedade também se tornou autoconsciente. Um país subdesenvolvido tem de refletir sobre o tipo de sociedade que ele quer desenvolver.

Há aqueles, ainda dedicados às doutrinas de Adam Smith, que predicam às economias atrasadas que elas só precisam criar

---
25 Ayres, op. cit., p.141.

condições favoráveis para que o capitalismo floresça e frutifique. A maior parte deles, transformados em céticos pela sua própria experiência, sentem que esperaram o suficiente e exigem algum tipo de cultivo que renda mais rapidamente.

Quando as autoridades nacionais se encarregam de dirigir o desenvolvimento econômico, o investimento deve ser controlado por um plano consciente em vez de acompanhar o incerto espírito animal da empresa privada. Então, as proposições derivadas da fórmula do crescimento ($c = p/r$) têm algo a dizer. Por exemplo, a fórmula mostra que, se se quiser alcançar determinada taxa de crescimento, quanto mais o investimento a ser feito poupar capital, mais elevada é a razão entre consumo e a renda que se pode permitir (dar a c um valor inferior de r implica um valor menor de p) ou que, dado o tipo de investimento a ser realizado, a taxa de crescimento obtida depende da razão entre investimento e consumo (dar a v um valor mais elevado de c requer um valor mais elevado de r.

Mesmo assim, a ênfase na poupança é mais enganosa que útil. O problema característico de uma economia subdesenvolvida é a sua taxa de acumulação ser muito baixa (em alguns casos, baixa a ponto de não acompanhar o crescimento demográfico, muito menos de começar a reduzir o subemprego e elevar o nível de vida). Tais economias têm pela frente a difícil tarefa de elevar as suas taxas de crescimento e, por mais engenhosidade que usem para manter baixa a razão capital/produção, isso deve implicar (nos termos da fórmula) um aumento geral da razão entre poupança e renda. Mas na maioria das vezes, a massa do seu povo vive abaixo do mínimo de subsistência necessário à eficiência no trabalho. Pode-se expor o problema de modo direto em termos da necessidade de prover um crescimento do consumo necessário e, ao mesmo tempo, de restringir o consumo desnecessário. A taxa geral de poupança (p na fórmula) desvia a atenção da distribuição de renda entre famílias individuais. Ajuda a disfarçar o embaraçoso problema daquilo que os indianos começaram a chamar de "crescimento do setor U", que ocorre quando a riqueza privava se dilata com o transbordamento do investimento público.

A necessidade de refrear o consumo a fim de permitir que a taxa de acumulação aumente dá uma vantagem às economias que realizam o desenvolvimento sob instituições socialistas. Uma revolução que nacionaliza a propriedade sem compensação disponibiliza para o investimento os recursos que antes alimentavam o consumo U. Entretanto, o excedente preexistente de consumo desnecessário é pequeno em relação à acumulação necessária. A principal vantagem de eliminar os rendimentos não ganhos é que isso facilita, moral e politicamente, evitar que os salários reais subam muito rapidamente. Além disso, o consumo coletivo na forma de serviços médicos, entretenimento etc. (que são fornecidos com mais facilidade em uma economia coletivizada) contribui mais, por unidade de despesa nacional, para o bem-estar geral (em qualquer base razoável de julgamento) que o aumento dos salários escassamente distribuídos a famílias individuais.

Marx esperava que uma revolução socialista só tivesse de expropriar os expropriadores para ficar no comando de uma economia industrial altamente desenvolvida a operar normalmente. Ao que parece, as economias socialistas têm de empreender a industrialização por si mesmas e têm de lutar com relações de propriedade feudais e ideologias antigas que o capitalismo não conseguiu destruir.

O economista ortodoxo, que tampouco pode aceitar o socialismo ou o feudalismo, encontra-se tristemente desnorteado.

Stalin formulou os objetivos econômicos do socialismo: "assegurar a máxima satisfação das necessidades materiais e culturais em crescimento constante de toda a sociedade".[26]

Tomado positivamente, isso não tem mais conteúdo que qualquer *slogan* metafísico; como o *slogan* "todos os homens são iguais", expressa o seu ponto de vista mediante negações. Necessidades "em crescimento constante" significa que não há limite previsível para o possível aumento da produtividade (porque, naturalmente, não são tanto as necessidades, e sim os meios para satisfazê-las que aumentarão continuamente). Necessidades "culturais" significam que a riqueza crescente não deve se restringir a bens físicos (embora só eles entrem na definição marxista de produção). "Toda a sociedade" implica uma condenação da distribuição arbitrária da riqueza.

Nisso não há nada a que os economistas ortodoxos possam objetar. Na verdade, tira as próprias palavras da sua boca. Mas eles não costumavam desculpar a desigualdade gerada pela propriedade privada dos meios de produção porque era necessário aumentar a renda total. Se a renda aumentar mais depressa sem ela, eles ficam em uma situação embaraçosa. Talvez seja por isso que rastejam para se esconder em moitas de álgebra e deixam a tocha da ideologia ser carregada pelo argumento político segundo o qual as instituições capitalistas são o baluarte da liberdade.

---

26 Stalin, J. *Economic Problems of Socialism in U.S.S.R.*, edição inglesa, p.45.

6

A TEORIA DE KEYNES TEM POUCO A DIZER, diretamente, aos países subdesenvolvidos, pois foi inteiramente enquadrada no contexto de uma economia industrial avançada, com instituições financeiras altamente desenvolvidas e uma classe empresarial sofisticada. O desemprego que preocupava Keynes era acompanhado da subutilização da capacidade já existente. Isso resultou de uma queda da demanda efetiva. O desemprego das economias subdesenvolvidas surge porque a capacidade e a demanda efetiva nunca foram suficientemente grandes.

Mesmo assim, de forma negativa a *Teoria geral* tem muito que ensinar.

Especialmente, ela esclarece o significado da inflação. Trata-se de um preconceito profundamente arraigado na antiga doutrina, que de modo algum foi definitivamente eliminado, que a inflação é um fenômeno monetário que se pode evitar com a manipulação correta da oferta de moeda.

A análise da *Teoria geral* mostra que a inflação é um fenômeno real, não monetário. Ela opera em duas etapas (recorrendo uma vez mais a um relato grosseiramente simples de um processo intrincado). O aumento da demanda efetiva face a uma oferta inelástica de bens aumenta os preços. Quando os alimentos são supridos por uma agricultura camponesa, o aumento dos seus preços é um aumento direto da renda monetária dos vendedores e incrementa as suas despesas. O custo de vida mais elevado exerce pressão para que haja aumento da taxa de salários. Assim, as rendas monetárias aumentam em todos os sentidos, os preços sobem muito e uma espiral viciosa se estabelece.

A primeira fase – o aumento da demanda efetiva – pode ser facilmente evitada por não ter desenvolvimento algum. Mas para que haja desenvolvimento tem de haver um estágio em que o investimento aumente com relação ao consumo. Tem de haver aumento da demanda efetiva e tendência à inflação. O problema é como mantê-la dentro de limites.

Alguns esquemas de investimento que parecem ser claramente indispensáveis a melhorias a longo prazo, como as instalações elétricas, levam muito tempo para dar fruto e, nesse ínterim, devem-se fornecer os trabalhadores empenhados nisso. O segredo do desenvolvimento não inflacionário é alocar a quantidade certa de rendimento rápido e poupador de capital para o setor de bens de consumo (especialmente a agricultura) a fim de gerar um excedente suficiente para apoiar os grandes esquemas necessários.

É nesse tipo de análise, mais do que nas mistificações de "déficit financeiro", que se deve encontrar a pista da inflação.

A análise keynesiana também deita luz na questão do uso e abuso da ajuda externa. Há dois casos em que a ajuda externa é indispensável para dar início ao desenvolvimento. O primeiro é quando há necessidade de equipamento que não pode ser produzido no país por preço algum, enquanto, ao mesmo tempo, a demanda mundial por todas as mercadorias que o país pode exportar é inelástica.[27] Nesse caso, nenhuma quantidade de trabalho árduo ou de

---

27 Inelástica, isto é, a uma queda no preço. Não é comum um país ter um monopólio suficientemente confiável em qualquer produto exportável para tornar o aumento do preço uma política segura. O aumento do preço, imediatamente ou depois de um intervalo, chamará os fornecedores rivais ao mercado ou induzirá os compradores a trocar a sua demanda por substitutos. A queda do preço será

abstinência consciente possibilita a compra de mais equipamento do que o modesto fluxo que limitava os ganhos cambiais pagará.

No segundo tipo de caso, a força de trabalho doméstica é tecnicamente capaz de fazer o investimento desejado, mas não tem como obter um excedente suficiente para sustentar os homens retirados da produção de alimentos a fim de trabalhar no investimento. Nesse caso, seria possível usar a ajuda externa para importar alimentos ou para importar bens de investimento. Para aplicá-la vantajosamente, ela deve ser alocada em quaisquer proporções que produzam a mais rápida acumulação do estoque de equipamento.

Tais casos, em rigor, devem ser bem raros. Geralmente, antes que o desenvolvimento comece, há algumas importações dispensáveis de bens de consumo que podem ser cortadas ou um consumo doméstico dispensável que pode ser transformado em bens de exportação vendáveis. Onde essa barreira não foi explorada, a ajuda externa não é rigorosamente indispensável, mas é politicamente útil, pois elimina a necessidade de reduzir o consumo de luxo. Quando é aplicada na redução de impostos ou toma a forma de salários, comissões e subornos, que são gastos em importações que não seriam feitas sem eles, a ajuda externa não contribui em nada para o desenvolvimento.

Agora isso vem sendo percebido pelo governo dos Estados Unidos. Os membros da Aliança para o Progresso foram informados de que a ajuda se destina unicamente a governos honestos, que levaram a cabo uma autêntica reforma agrária e instituíram impostos

---

acompanhada pelos vendedores rivais. Assim, a demanda pode ser muito elástica para o aumento e muito inelástica para a queda do preço, qualquer que seja o preço inicial.

progressivos que são efetivamente recolhidos. Essa determinação parece ter se inspirado na simples fé na teoria econômica, mas, sem dúvida, não é tão simples quanto parece.

Há outro tópico relacionado com os problemas do subdesenvolvimento que tem sido muito discutido em termos de análise teórica; isto é, a escolha da técnica quando uma variedade de métodos está disponível para o mesmo produto. Dois preconceitos opostos obscurecem o campo. Um deles é o apelo esnobe ao último e mais automático equipamento e o outro, o apelo sentimental ao artesão de aldeia.

Para achar um caminho em meio ao nevoeiro, nós podemos primeiro propor duas regras simples que apelam para o bom senso. Em primeiro lugar, nenhum equipamento deve ser sucateado nem os métodos de produção rejeitados, contanto que o material neles usado e a mão de obra que os opera não possam encontrar um uso melhor em outro lugar. As melhores técnicas devem ser incorporadas a novos investimentos, mas o novo não substitui o velho; funciona ao seu lado. A menos que todos os trabalhadores estejam equipados com o melhor, o equipamento inferior é melhor do que nenhum. Em segundo lugar, nenhuma técnica deve ser escolhida apenas porque dá emprego. O objetivo da operação não é poder contar o maior total de emprego estatístico, e sim aumentar a produção. (É enganoso colocar a questão em termos de técnicas de trabalho intensivo. A vantagem do artesanato está em ser poupador de capital, não em usar mão de obra.)

Perduram casos de genuína dúvida em que uma técnica de uso de menos capital com menor produção *per capita* promete mais produção por unidade de investimento do que outra que é mais mecanizada e requer menos mão de obra. Argumenta-se que, em tal caso, a política correta consiste em escolher a técnica que produz a maior taxa de sobresselente de modo a dar uma contribuição maior para a acumulação adicional. À primeira vista, isso parece muito razoável, já que o desenvolvimento é todo o objeto da operação. Porém, quando olhamos mais de perto, não é tão óbvio assim. O excedente que uma técnica produz é o excesso do produto líquido sobre o valor dos salários dos trabalhadores que a operam. Um excedente mais elevado significa uma taxa de crescimento mais rápida na produção e no emprego, a partir de um início menor. A técnica mais poupadora de capital gera mais produção e paga mais salários. É justamente por isso que oferece um excedente menor.

Há uma escolha entre um pouco de geleia hoje e mais geleia depois de amanhã. Esse problema não pode ser resolvido por nenhum tipo de cálculo baseado em "descontar o futuro", pois os indivíduos afetados pela perda ou pelo ganho são diferentes. Quando se escolhe a técnica mais mecanizada, de excedente superior, a perda cabe àqueles que seriam empregados se se tivesse feito a outra escolha. O benefício do seu sacrifício virá mais tarde e é possível que eles não sobrevivam para vê-lo. A escolha tem de ser feita de um modo ou de outro, mas os princípios da Economia do Bem Estar não ajudam a resolvê-la.

De fato, em um alto plano de generalidade, a teoria econômica não tem muito a dizer ao planejador, a não ser: não dê ouvidos aos que dizem que você quer isso e não aquilo – agricultura, não indústria; exportações, não produção doméstica; indústria leve, não pesada. Queremos sempre as duas coisas.

Não obstante, em questões de detalhe, os métodos estatísticos e matemáticos desenvolvidos pela economia moderna podem ter grandíssima utilidade no planejamento do desenvolvimento, contanto que sejam muito bem esfregados para ficar livres de conceitos metafísicos.

6
Quais são as regras do jogo?

COM TODAS ESSAS DOUTRINAS ECONÔMICAS a decair e reviver, a se empurrar reciprocamente, semicompreendidas na mente do público, quais ideias básicas são aceitáveis e quais regras delas derivam?

1

EM MEIO A TODA A CONFUSÃO, há uma sólida e imutável massa de ideologia que nós temos de tal modo como certa que raramente a percebemos – isto é, o nacionalismo.

A própria natureza da economia se enraíza no nacionalismo. Como um tema puro, ele é difícil demais para ser um objeto de estudo gratificante; a beleza da matemática e a satisfação das descobertas nas ciências naturais são negadas aos praticantes dessa matéria desconexa, incerta e indisciplinada. Ela nunca teria sido desenvolvida a não ser na esperança de lançar luz em questões de política. Mas a política nada significa a menos que haja uma autoridade que a ponha em execução, e as autoridades são nacionais. O tema, por sua própria natureza, opera em termos nacionais. O marxismo também, apesar de teoricamente universalista, teve de ser vertido em moldes nacionais quando se estabeleceram as administrações revolucionárias. As aspirações dos países em desenvolvimento estão mais pela independência nacional e pelo autorrespeito nacional do que só pelo pão para comer.

Os clássicos pragmáticos não vacilaram quanto a isso. Combateram o nacionalismo estreito do mercantilismo em prol de uma política mais perspicaz, mas eram favoráveis ao livre-comércio porque era bom para a Grã-Bretanha, não porque fosse bom para o mundo. A doutrina neoclássica se pretendia universalista. A utilidade não conhece fronteiras. Quando propôs somar unidades de felicidade, Edgworth sugeriu que cada indivíduo valesse por um.[1] Não disse que cada inglês valesse por um.

Mas, como se vê, o próprio fato de a doutrina da *utilidade* ultrapassar a classe a torna mais nacionalista. Mas como observou Gunnar Myrdal,[2] o apelo para a solidariedade nacional que apoia o próprio Estado de Bem-estar dificulta ainda mais a solidariedade da raça humana.

A ideologia dos neoclássicos pretendia se basear na benevolência universal, mas eles criaram naturalmente o hábito de falar em termos de Renda Nacional e bem-estar do povo. A nossa nação, o nosso povo, bastavam para causar preocupação.

---

1 Cf. p.103.
2 Ver Myrdal, G. *An International Economy*.

Hoje em dia, um autor consciencioso como o professor Meade, antes de expor os méritos do mercado livre, tem o cuidado de dizer "para que o sistema monetário e o de preços funcionem com equidade, é necessário alcançar uma distribuição justa da renda e da propriedade" e mostrar que a desigualdade torna o sistema não só desigual como também ineficiente, de modo que uma precondição para desejar preservá-lo é "tomar as medidas radicais para assegurar uma distribuição de renda e propriedade toleravelmente equitativa".[3] Mas em momento algum ele toma em consideração qualquer outra distribuição que não seja entre os cidadãos da Grã-Bretanha. Parece que restringir a equidade e a eficiência ao nosso território é tão natural quanto respirar.

A grande doutrina central da escola neoclássica – o argumento a favor do livre-comércio –, embora seja sofística quando finge que nenhuma nação pode se beneficiar com o protecionismo, é inexpugnável quando afirma que nenhum grupo de produtores pode se beneficiar com o protecionismo, a não ser por prejudicar os outros pelo menos temporariamente. Mas os economistas não argumentaram que o dever das nações mais ricas é aumentar a soma de utilidade no mundo subsidiando as importações das mais pobres.

Um ponto de vista genuinamente universalista é raríssimo. O mais próximo de chegar a ele, usualmente, é argumentar que, em um mundo geralmente próspero, é provável que nós sejamos melhores do que em um miserável. A prosperidade dos outros não é desejável pelo bem deles, e sim como uma contribuição para o nosso conforto; quando a sua prosperidade dá a impressão de ameaçar a nossa, não é

---

3 Meade, J. E. *Planning and the Price Mechanism*, p. 35.

absolutamente desejável. Esse parece um modo tão natural de pensar, tão correto e adequado, que nem percebemos que é um modo particular de pensar; nós respiramos esse ar desde que chegamos ao mundo e nunca nos ocorre perguntar que cheiro ele tem.

Nos últimos tempos, o crescimento da estatística proporcionou muito alimento para a ideologia nacionalista. Vários *rankings* são publicados periodicamente, da renda nacional média, da taxa de crescimento, do percentual da poupança, da produtividade, do crescimento da produtividade etc., e nós procuramos com ansiedade a nossa classificação. Quando a do pobre e velho Reino Unido, como acontece com frequência, parece um tanto baixa, nós nos enchemos de desgosto; ou então começamos a achar defeitos nas estatísticas para mostrar que a classificação está errada; ou apontamos para todos os tipos de vantagens injustas que os miseráveis estrangeiros têm, que tornam as comparações enganosas.

Em um mundo de concorrência internacional, há um motivo sólido para ficarmos ansiosos por acompanhar o crescimento da produtividade nas outras nações comerciais; se perdêssemos mercados por vender abaixo do preço, acharíamos dificílimo evitar a redução do nosso consumo, e um corte na renda nacional real é muito desagradável.

Os *rankings* também podem ser usados para mostrar o que é possível, de modo que um observador que quiser de todo modo defender, digamos, mais investimento, pode apelar para eles a fim silenciar um adversário que alega que isso não se pode fazer.

Esses são usos racionais das comparações. Mas o principal apelo para os *rankings* é muito mais simples e diretamente a um instinto de bancar o grã-fino projetado no plano internacional.

A concorrência internacional e a política nacional têm sido um grande estímulo ao desenvolvimento econômico. Por trás da fachada da teoria do *laissez-faire*, os governos de todas as nações capitalistas fomentaram o comércio e a produção, conquistaram territórios e adotaram instituições para ajudar os seus próprios cidadãos a obter vantagens. A própria doutrina do livre-comércio, como Marshall observou astutamente, era na verdade uma projeção dos interesses nacionais britânicos.

Os enormes avanços da produção sob o regime de concorrência internacional nos trouxeram à situação em que estamos hoje. Nunca a comunicação foi tão completa. Nunca a opinião pública educada, em todos os países, foi tão consciente do resto do mundo. Nunca valeu a pena pensar na pobreza como um problema mundial; só agora parece possível, pela aplicação da ciência à saúde, ao controle de natalidade e à produção, aliviar toda a raça humana das suas piores misérias.

No entanto, nunca se dedicou uma proporção tão grande de energia econômica e estudo científico aos meios de destruição. Nós combinamos as doutrinas de benevolência universal com o mesmo patriotismo que inspirou os cavaleiros de Gêngis Khan.

"Quando a natureza formou a humanidade para a sociedade", como disse Adam Smith, dotou-a de certo sentimento de simpatia pelos seus companheiros. A evolução produz uma consciência. Mas a biologia cessa na fronteira da tribo. A evolução não dá resposta à maior de todas as questões morais: quem é o meu vizinho? Nesse ponto, a humanidade tem de assumir o controle da natureza, mas no momento, não dá nenhum sinal de fazê-lo.

O patriotismo nacional decerto é uma grande força para o bem. Até a fronteira, é unificador. Supera o patriotismo seccional de grupos raciais e religiosos e, assim, contribui para a harmonia interna. Os marxistas lamentam o tanto que ele supera o antagonismo de classe. Mas a boa vizinhança interna se ganha mediante a projeção da agressividade para fora. Muitas coisas que seriam consideradas inglórias em casa são justificadas em nome do interesse nacional. Como disse o dr. Johnson, "o patriotismo é o último refúgio do canalha". Nós estamos muito longe de desenvolver uma consciência que transforme o patriotismo em desejo de se comportar bem. É claro que, neste país particularmente, nós fazemos um grande estardalhaço por conta da consciência nacional, mas isso consiste principalmente em insistir para que todos atribuam a nossa política nacional a elevados motivos morais, em vez de examinar quais são de fato os nossos motivos. Recorrendo a um exemplo moderno, quando o Relatório Devlin descreveu a Niassalândia como um "Estado policial", houve por certo uma grande indignação. Mas em geral, a indignação não era com o fato de uma colônia britânica estar em uma situação que se prestasse a essa descrição, e sim que alguém devia estar tão perdido para o sentimento adequado a ponto de usar essas palavras para se referir a uma colônia britânica.

Como indivíduos, nós valorizamos as pessoas pelo que elas dão ao mundo, não pelo que ganham dele. Vemos com suficiente clareza nos outros (embora nem sempre em nós mesmos) que o prestígio externo é um pobre substituto do conteúdo interno. Vemos que a agressão é um sinal de fraqueza e ostenta falta de autoconfiança. Contudo, a ganância, a soberba e a opressão são bastante aceitáveis em termos nacionais.

É verdade que muita benevolência econômica internacional vem sendo demonstrada na atualidade, mas sempre tem de ser justificada como um interesse nacional. Nós ajudamos a Índia (tanto quanto o fazemos) não porque queiramos multiplicar as "unidades de felicidade" dando uma refeição completa aos famintos, e sim porque esperamos que isso mantenha o prestígio do Ocidente contra a União Soviética. A julgar pela imprensa, quando a fome aliviada está na China, nós não ficamos especialmente satisfeitos.

A revolução keynesiana rompeu o pretenso internacionalismo das doutrinas do livre-comércio e ajudou a introduzir um internacionalismo genuíno no nosso pensamento. Os acordos internacionais do pós-guerra, ainda que fortemente influenciados pelos ideais do livre-comércio, deixaram cláusulas de escape para os países às voltas com dificuldades na balança de pagamentos, assim como para os subdesenvolvidos, e permitiram que a política doméstica de emprego tenha precedência sobre as obrigações internacionais. Em princípio, embora se tenha feito muito pouco a esse respeito, a regulamentação do comércio de *commodities* é aceita como um objetivo da política (posto que os fanáticos do livre-comércio ainda a denigram) e, quando o nosso próprio equilíbrio de pagamentos melhora por empobrecer os produtores de *commodities*, pelo menos nós reconhecemos que não temos por que nos orgulhar disso.

Essa consciência da variedade de problemas enfrentados pelas outras nações é um grande avanço no entendimento, bem como o abandono da doutrina pseudouniversalista do livre-comércio. Também é um grande aumento do desconforto mental. Sem o anódino do *laissez-faire*, o problema moral, em escala mundial, nos encara.

2

TAMBÉM NA FRENTE DOMÉSTICA, estamos recém-conscientes das escolhas que se devem fazer e recém-privados de princípios simples para fazê-las. A ideologia do pleno emprego como um fim em si é muito pobre, muito fácil de penetrar. A ideia de que haja uma relação de equilíbrio certa, natural, indicada entre investimento e consumo; ou entre investimento doméstico e estrangeiro; ou entre investimento público e privado; ou um nível certo, natural, de equilíbrio dos salários reais, ou da taxa de juros, é desacreditada pelo próprio fato de que se admite a necessidade de uma política nacional de emprego.

Em todo caso, uma vez aceito que se vai prover um "nível elevado e estável de emprego" (deixando de lado a questão de exatamente quão elevado há de ser e se não se induzirão algumas oscilações paras aliviar a estabilidade), a questão do emprego como tal deixa de ser interessante. Era necessário discutir isso somente quando a opinião oficial fosse que não se poderia fazer nada. Agora a discussão tem de ser sobre o que se deve fazer.

A herança neoclássica ainda tem muita influência não só sobre o ensino de economia como também sobre a formação da opinião pública em geral, ou pelo menos em fornecer os seus *slogans* à opinião pública. Mas quando se trata da questão real, não tem nada concreto a dizer. Seus praticantes atuais se refugiam na construção de manipulações matemáticas cada vez mais elaboradas e em ficar cada vez mais irritados quando alguém lhes pergunta o que é que eles deveriam estar manipulando.

Na medida em que as doutrinas econômicas influenciam a escolha dos objetivos da política nacional, em geral ela é obscurantista e inútil.

O conceito de *utilidade* pretende olhar por trás do "véu do dinheiro", mas a *utilidade* não pode ser medida, ao passo que os valores monetários podem, e os economistas têm um viés a favor do mensurável, como o viés do curtidor a favor do couro.

Nas próprias falácias das quais a economia devia se proteger, os economistas são os primeiros a cair. O seu conceito central, a Renda Nacional, é uma massa de contradições. O consumo, por exemplo, costuma ser identificado com a venda de bens de consumo, e um alto índice de "consumo" é identificado com um alto padrão de vida. Mas o consumo, no sentido claro da palavra, no sentido de estar ligado à satisfação das necessidades naturais, não ocorre no momento em que as mercadorias são entregues no balcão, e sim durante períodos mais longos ou mais curtos posteriores a esse fato. Essa dimensão temporal é deixada completamente fora dos cálculos. É deixada fora não porque neguem a sua importância, e sim por causa da mera dificuldade de capturá-la numa rede estatística.

A moda no vestir é uma espécie de esporte no qual entram valores não materiais, embora, nos princípios utilitários, a dor dos muitos perdedores provavelmente supere o prazer dos poucos vencedores. Seja como for, em bens cuja finalidade é proporcionar satisfação material, a durabilidade é uma grande vantagem; se a dimensão temporal do consumo cair à medida que a dimensão quantidade das vendas aumentar, é um erro grave tomar esta última como medida das mudanças no padrão de vida.

Uma vez mais, a doutrina da *utilidade* diz que os bens satisfazem necessidades que existem independentemente deles. Por esse motivo os bens foram considerados uma Coisa Boa. Não é de modo algum óbvio que as mercadorias que levam consigo as suas próprias necessidades, por meio da publicidade astuta, sejam uma Coisa Boa. Por certo, nós estaríamos tão bem de vida sem as mercadorias e sem as necessidades? Esse é o tipo de pergunta que, muito naturalmente, é dolorosamente irritante para os estatísticos da Renda Nacional. (Os estudos sobre a Renda Nacional são, é claro, extremamente valiosos na sua própria esfera, isto é, na medição das mudanças na produção, como uma indicação da atividade empresarial, e as mudanças na produtividade como uma medida de eficiência.)

O grande ponto da teoria da *utilidade* foi responder à pergunta de Adam Smith sobre a água e os diamantes – distinguir a *utilidade total*, que se supõe que meça a satisfação, e *utilidade marginal*, que é medida pelo preço. A representação esquemática de Marshall do excedente do consumidor é falsa, claro: um tratamento pseudoquantitativo de algo que por natureza não pode ser medido. Mas a ideia por trás dela baseia-se no bom senso. A oportunidade de comprar uma mercadoria, comparada com uma situação em que ela não existe, pode oferecer aos consumidores uma vantagem que não é de modo algum medida pelas quantias efetivamente gastas nela. Entretanto, na contabilidade da Renda Nacional, os bens têm de ser inseridos em termos do seu valor de troca, não da sua *utilidade*. Essa seria uma questão só para especulação filosófica se a política não fosse afetada pela propaganda do padrão de vida tal como aparece nas cifras, e há uma pressão contínua e sistemática pelos bens com valor de venda em oposição aos que são gratuitos. A luta que tem de ser travada, por exemplo, para evitar que o país selvagem seja explorado por lucro monetário é dificultada porque os seus defensores podem ser representados como defensores de valores "não econômicos" (o que é considerado tolo, insensato e antipatriótico), posto que os economistas deviam ter sido os primeiros a indicar que a *utilidade*, não o dinheiro, é valor econômico, e que a *utilidade* dos bens não é medida pelo seu preço.

O viés do *laissez-faire* que continua agarrado à ortodoxia também ajuda a falsificar os valores verdadeiros. Quando Keynes (no seu discurso com disposição "moderadamente conservadora") sustentou que, contanto que se garanta o pleno emprego, "não se pode levantar nenhuma objeção contra a análise clássica do modo como o autointeresse determinará o que é produzido em particular",[4] ele tinha esquecido que, em um capítulo anterior, escrevera: "Não há evidência clara da experiência de que a política de investimento socialmente vantajosa coincida com aquela que é a mais lucrativa".[5] Àquela altura, ele estava considerando o viés da empresa privada a favor dos lucros rápidos. Há um viés ainda mais fundamental na nossa economia a favor de produtos e serviços para os quais é fácil receber pagamento. Os bens que podem ser vendidos em pacotes a clientes individuais ou os serviços que podem ser cobrados a tanto *per capita* proporcionam uma jazida para a empresa lucrativa. Os investimentos, por exemplo, no projeto de cidades só podem ser usufruídos coletivamente e não é fácil ganhar dinheiro com eles;

---

4 Keynes, J. M., *General Theory*, p.378-9.
5 Ibidem, p.157.

enquanto os bens negativos, como a sujeira e o barulho, podem ser dispensados sem que se exija nenhuma compensação.

Pensando sobre isso, o que se pode cobrar facilmente e no que não se pode é apenas um acidente técnico. Algumas coisas, como drenagem e iluminação pública, são tão obviamente necessárias que se provê um mínimo, apesar do fato de o pagamento ter de ser cobrado mediante as taxas, mas essas são apenas as necessidades mais óbvias que são atendidas desse modo, juntamente com algumas amenidades tradicionais, como os canteiros de flores nos parques, que são considerados necessários ao autorrespeito municipal.

Grande parte dos fundos para investimento em empresas lucrativas provêm dos lucros obtidos em investimentos anteriores. Quando nós compramos um pacote de mercadorias, pagamos os custos para produzi-las (inclusive um retorno aos credores do financiamento do equipamento que as produziu) e também um pouco mais, que vai para os lucros não distribuídos para financiar mais investimentos. Em muitos casos, o preço também inclui uma contribuição para os impostos a serem gastos na administração geral, nos serviços sociais, nos juros sobre a dívida nacional, na defesa etc. As diferenças entre as margens de lucro e os impostos indiretos, em termos do seu funcionamento econômico, não são de modo algum bem definidas. Um não é mais nem menos um "fardo" do que o outro. A diferença entre eles é que o desembolso das margens de lucro sobre os dividendos, as amenidades ou o investimento lucrativo, sob o controle nominal dos acionistas, fica nas mãos dos conselhos administrativos, ao passo que o desembolso de taxas e impostos fica nas mãos das corporações municipais e dos departamentos governamentais, sob o controle nominal do eleitorado. A ideia de que um é necessariamente mais "econômico" do que o outro não tem fundamento, a não ser no preconceito ideológico.

O professor Galbraith descreve a situação dos Estados Unidos, onde tanto a produção de bens vendáveis e o abandono dos serviços não vendáveis são ainda mais extremos do que aqui:

> A família que sai a passeio no seu carro malva e cereja com ar-condicionado, direção hidráulica e freio motorizado passa por cidades mal pavimentadas, cobertas de lixo, por prédios deteriorados, por cartazes e postes com fiação que há muito deveria ter sido colocada em galerias subterrâneas. Avança até uma área rural cuja maior parte a arte comercial tornou invisível. Os bens ali anunciados têm prioridade absoluta no nosso sistema de valores. As considerações estéticas, como a visão da área rural, vêm devidamente em segundo lugar. Em tais assuntos nós somos coerentes. Com o alimento requintadamente embalado de uma geladeira portátil, a família faz piquenique à beira de um córrego poluído e passa a noite em um parque que é uma ameaça à saúde pública e à moral. Pouco antes dormir em um colchão de ar, em uma barraca de náilon, em meio ao fedor do lixo em decomposição, todos podem refletir vagamente acerca da curiosa irregularidade das coisas que possuem.[6]

Aqui nós ainda não chegamos a esse estágio, mas estamos a caminho.

Algumas interpretações da política de emprego têm como certo que o investimento da empresa privada sempre deve ter mais direito aos recursos, e cabe ao investimento público preencher a lacuna. Assim, "obras públicas" devem ser empreendidas quando

---

6 Galbraith, J. K. *The Affluent Society*, p.186-7.

o investimento privado parecer estar entrando em declínio e ser menos cuidadas quando o investimento privado aumenta.

Foi muito bom para Lloyd George e Keynes defender a remoção das favelas e o alargamento das ruas puramente como meio de dar trabalho, porque a ortodoxia oficial se opunha a fazer o que quer que fosse, mas agora parece não fazer muito sentido nós esperarmos uma recessão para que esses trabalhos sejam feitos. É possível argumentar que o investimento privado é útil para as exportações, que não podemos nos dar ao luxo de remover as favelas enquanto a nossa indústria não estiver em boa forma e que as exportações não podem florescer enquanto a indústria lucrativa como um todo não estiver florescendo. Esse é um bom argumento lógico, ainda que não necessariamente convincente. Mas o argumento segundo o qual o investimento público, por mais benéfico que seja, deve ser menos aceitável do ponto de vista nacional do que qualquer investimento privado, simplesmente porque é público, carece de base lógica; é apenas uma ressaca da ideologia do *laissez-faire*.

Para dar outro exemplo, Keynes, como vimos,[7] sustentava (quando permitia que a sua mente se desviasse dos problemas de longo prazo) que o investimento mantido em níveis de pleno emprego não tarda a saturar todas as demandas úteis de equipamento de capital e exige uma redução da taxa de juros até desaparecerem. Mas ele não lamentava isso; encarava-o como o início de uma era de vida civilizada. Os "keynesianos vulgares" deram outro sentido a isso. Transformaram a perspectiva de esgotamento das oportunidades de investimento lucrativo na "tese da estagnação".

---

7 Ver anteriormente p. 145-146.

Os estagnacionistas, em vez de dar as boas-vindas à perspectiva de um período em que a poupança teria se tornado desnecessária, os salários reais elevados teriam reduzido a taxa de lucro até o desaparecimento e o progresso técnico seria direcionado para o alívio do trabalho árduo e para o aumento do lazer, consideram a sua abordagem uma ameaça. Este, naturalmente, é um ponto de vista perfeitamente razoável se o objetivo da vida econômica é proporcionar uma esfera para obter lucros. A saciedade das necessidades materiais é ruim para os lucros. Mas isso não combina muito bem com a alegação usual de que o sistema empresarial privado se justifica pelo seu poder de satisfazer necessidades.

Na prática, a política de emprego não se baseia em nenhuma teoria específica, mas segue a linha de menor resistência. O investimento público é a coisa mais fácil a ser cortada quando a restrição parece ser necessária, e o consumo privado, a coisa mais agradável de motivar quando há necessidade de um estímulo. Do ponto de vista do planejamento de investimento socialmente benéfico, geralmente é: cara eu ganho e coroa você perde.

O sistema não só é distorcido por sua inclinação a investir no que é lucrativo, como também, mesmo dentro dessa esfera, não há motivo para esperar que a motivação do lucro leve a um padrão equilibrado de investimento. Esse sempre foi um ponto fraco do sistema neoclássico. A doutrina segundo a qual, em condições de livre concorrência, os recursos são usados para produzir a satisfação máxima se aplica essencialmente a uma posição de equilíbrio. Isso só se pode demonstrar assumindo que existe um equilíbrio e mostrando que um afastamento dele pode ser prejudicial (também é preciso assumir, claro está, que a distribuição da renda é de algum modo o que tinha de ser). Walras teve a ideia engenhosa de fazer os habitantes do seu mercado "gritar" as suas ofertas até que o equilíbrio fosse encontrado e, a seguir, iniciar a negociação real a preços de equilíbrio. É pura desfaçatez estender esse tipo de concepção de equilíbrio ao investimento; um padrão de equilíbrio de investimento elaborado nesse sistema só é possível em uma economia totalmente planejada (se houver).

Marshall é menos fantasioso; presume que há um nível geral de lucros e que cada indústria específica é atraída a investir mais rapidamente quando os lucros são mais elevados que o normal e, assim, reduzir os preços dos seus produtos aumentando a oferta. Mas no volume I dos *Princípios* ele pressupõe condições de equilíbrio geral e estuda a saída do equilíbrio de uma indústria por vez. Nunca chegou a escrever o volume que explicaria como se preservou o equilíbrio geral.

E o seu próprio argumento mostra que uma indústria competitiva ultrapassará o ponto de equilíbrio sob a influência da perspectiva de lucros supranormais e, depois disso, cairá em um período de lucros subnormais. Isso decorre da própria natureza da concorrência. Cada empresa no mercado vendedor visa expandir a sua capacidade produtiva até o ponto em que seria lucrativo se o mercado vendedor durasse, mas os outros estão fazendo a mesma coisa, e o mercado vendedor não vai durar. Mesmo um conhecimento geral de que isso provavelmente será assim não impede a excedência, pois cada qual espera estar entre os felizardos que sobreviverão, ao passo que o vindouro mercado comprador expulsa os *outros* da existência.

De igual modo, quando uma indústria está no controle de um monopólio, um planejamento sábio do futuro prescreve reserva para reagir a um aumento da demanda. A capacidade excedente é o grande mal a ser evitado. Quanto mais forte for o monopólio, mais cauteloso há de ser, e se, sempre permanecendo na retaguarda da demanda, ele puder tornar permanente o mercado vendedor, tanto melhor.

Em um mundo em que algumas indústrias são muito mais fáceis de entrar do que as outras, há uma distorção sistemática no padrão de investimento, que é algo para além da instabilidade geral que a política de emprego pretende controlar, para além dos erros de previsão que podem ocorrer em qualquer sistema e para além da desorientação de investimento mediante influências especulativas, a que Keynes se referiu ao dizer: "quando o desenvolvimento do capital de um país se torna um subproduto das atividades de um Cassino, é provável que o trabalho seja mal feito".[8]

3

TUDO ISSO SERIA VERDADEIRO MESMO QUE A DISTRIBUIÇÃO da renda e da riqueza fosse aceita como justa e razoável. Em uma democracia moderna, esse está longe de ser o caso. Por meio de canais políticos – o sistema tributário e os serviços sociais – nós somos continuamente pressionados a nos opor à distribuição de renda gerada pelo nosso sistema econômico.

A pressão é aleatória e geralmente ineficaz (a diferença entre o nosso sistema tributário altamente progressivo no papel e o nosso

---

8 Keynes, J. M. *General Theory*, p.159.

sistema de elisão fiscal altamente regressivo na realidade é suficientemente notória). O esforço de redistribuição não tem nenhuma filosofia específica atrás de si e parece não ter nenhum critério racional para o ponto em que traça o limite; ele oscila de um lado para outro (ainda que não muito distantes) à medida que o equilíbrio das pressões políticas muda.

Os economistas da *utilidade*, segundo Wicksell, estavam comprometidos com um "programa completamente revolucionário" justamente sobre essa questão de distribuição de renda.[9] Marshall e, até certo ponto, Pigou saíram da encrenca em que a sua teoria os meteu enfatizando o perigo para a renda nacional física total que estaria associado a uma tentativa de aumentar a sua *utilidade* tornando a sua distribuição mais igual. Esse argumento foi malogrado pela revolução keynesiana. Se, como Keynes esperava, a poupança for mais que suficiente para uma taxa satisfatória de investimento, usá-la para fins sociais é não só inofensivo como também realmente benéfico para a renda nacional, ao passo que, se mais poupança total for necessária do que estaria disponível sob o *laissez-faire*, ela pode ser facilmente complementada por superávits orçamentários.

Edgworth, como vimos anteriormente,[10] e muitos depois dele se refugiaram no argumento segundo o qual nós não sabemos realmente se maior igualdade promoveria mais felicidade, porque os indivíduos diferem na sua capacidade para a felicidade, de modo que, enquanto não tivermos um hedonímetro completamente

---

9 Cf. p. 83-84.
10 Ver p. 102.

científico, "o princípio 'todo homem e toda mulher valem por um' deve ser aplicado com muita cautela".[11]

Há muitos anos, esse ponto de vista foi expresso pelo professor Harberler: "Como eu sei que para você dói mais ter a perna amputada do que me dói uma picada de alfinete?" Parecia, na época, que isso seria mais revelador se ele tivesse feito a frase ao contrário.

Tais argumentos estão ficando um tanto perigosos hoje em dia, pois embora nós, presumivelmente, nunca cheguemos a ter um hedonímetro cujas descobertas sejam inequívocas, a medição científica da dor está consideravelmente bem desenvolvida, e seria muito surpreendente se uma pesquisa nacional da distribuição da suscetibilidade à dor acabasse tendo exatamente a mesma distorção da distribuição da renda.

Se porventura perguntassem o que prestaria maior contribuição para o bem-estar humano, um investimento na capacidade de produzir bugigangas que precisam de publicidade para ser vendidas ou um investimento no melhoramento do serviço de saúde, parece-me que a resposta seria mais do que óbvia; a melhor resposta que a ideologia do *laissez-faire* pode oferecer é não fazer a pergunta.

Pode-se defender o nosso sistema econômico com base em que, remendado com corretivos keynesianos, é, como ele diz, o "melhor à vista". Ou em todo caso, não chega a ser tão ruim assim, e a mudança é dolorosa. Em suma, que o nosso sistema é o melhor que temos.

Ou se pode seguir a linha obstinada que Schumpeter derivou de Marx. O sistema é cruel, injusto, turbulento, mas entrega as mercadorias e, diabos, são as mercadorias que você quer.

---

[11] Edgworth, F. Y. *Mathematical Psychics*, p.81.

Ou, admitindo os seus defeitos, defendê-lo por razões políticas: que a democracia, tal como a conhecemos, não poderia ter crescido sob nenhum outro sistema e não pode sobreviver sem ele.

O que não se pode, a esta altura dos acontecimentos, é defendê-lo no estilo neoclássico, como um delicado mecanismo autorregulador, que só precisa ser deixado por conta própria para produzir a maior satisfação para todos.

Mas nenhuma das defesas alternativas soa lá muito bem. Hoje em dia, para sustentar o *status quo*, o melhor é deixar todos esses problemas embaraçosos em paz.

4

PARA DESCER DAS QUESTÕES DE POLÍTICA UNIVERSAL e nacional para o funcionamento interno do sistema, perguntemos quais são as regras do jogo atualmente aceito pelos vários agentes de uma economia industrial.

E quanto aos sindicatos? Segundo a rigorosa doutrina do *laissez-faire*, eles costumavam ser colocados em pé de igualdade com os monopólios. A livre operação das forças do mercado garantiria a cada grupo de trabalhadores o seu produto marginal líquido, e um sindicato a forçar o salário acima do seu nível de equilíbrio causaria desemprego, assim como o monopolista restringe as vendas mantendo os preços.

De certo modo, a novidade mais marcante da doutrina keynesiana foi que (tirando os efeitos sobre o comércio exterior) uma redução geral dos salários não reduziria o desemprego e (introduzindo a elaboração de Kalecki) seria realmente capaz de aumentá-lo.

Ao mesmo tempo, a "concorrência imperfeita" entrou na moda e desacreditou a ideia de que se pode confiar nas forças do mercado para estabelecer a igualdade dos salários com o valor dos produtos marginais, de modo que, mesmo nas suas próprias águas, a velha ortodoxia não se pudesse manter à tona.

Hoje em dia, geralmente se concorda que os sindicatos não introduzem um elemento de monopólio no sistema, mas constituem o que o professor Galbraith[12] batizou de "poder compensatório" de anular o elemento monopólio no lado empregador da negociação salarial. Ao mesmo tempo, o lado empregador, pelo menos nas grandes empresas, aprendeu a aceitar os sindicatos e, em geral, salvo em ocasionais comoções, a coexistir com eles de modo razoavelmente amigável.

Entretanto, a nova doutrina corta nos dois sentidos. Uma tendência crescente de salários monetários é necessária para manter o monopólio sob controle, mas se for demasiado rápida, ela não faz bem para os trabalhadores e é um grande incômodo para todos os demais.

A experiência da espiral viciosa nos anos de emprego elevado demonstrou isso bastante claramente, como uma verdade geral. Mas continua sendo o dever de cada sindicato individual zelar pelos interesses dos seus membros. Apelar para qualquer sindicato para que exerça espírito público e se abstenha de reivindicações salariais é apelar para que ele traia a sua confiança. O apelo para a

---

12 Ver Galbraith, J. K. *American Capitalism*.

força de trabalho organizada como um todo para que se contenha é encarado com a mais profunda suspeita enquanto os lucros não forem contidos.

Aqui houve um colapso espetacular da doutrina segundo a qual a busca do interesse próprio de cada um promove o bem de todos. A velha teoria pressupunha pleno emprego a preços estáveis. Agora a história chama isso de blefe. Onde está o mecanismo que estabelecerá tal situação? As antigas regras do jogo tornaram-se inexecutáveis e precisam ser revistas com urgência.

E o outro lado da barganha? Acaso a coisa certa para os empregadores é resistir às reivindicações salariais? Não faz muito tempo, um bloqueio no comércio da impressão reduziu a imprensa britânica ao silêncio, causou estragos nas editoras e arruinou várias pequenas gráficas. Posteriormente, os empregadores reivindicaram crédito por ter salvado o público com graves perdas para si próprios, do maior aumento de salários que eles teriam tido de conceder se tivessem resolvido sem lutar.[13] Nós concordamos em nos sentir agradecidos e em parabenizá-los pelo seu espírito público? Ou lamentamos a perda de produção e a má vontade geral que se seguiu à disputa? A doutrina ortodoxa não pode nos ajudar.

E os preços? A velha teoria segundo a qual eles são resolvidos pela competição não pôde sobreviver ao longo mercado comprador do período do entreguerras, e as teorias da concorrência imperfeita e monopolista não deixaram senão caos no seu rastro. A teoria do homem de negócios (à qual alguns economistas aderiram) segundo a qual os preços são regidos pelos custos já não tem

---

13 Ver Brooke-Hunt, J. Carta. *The Times*, 1º set. 1959.

utilidade; é impossível definir custo, inclusive uma contribuição adequada para despesas gerais, a depreciação e "um lucro justo e razoável", para qualquer lote específico de produção de mercadoria específica. Pode-se encontrar uma ou outra fórmula para a alocação de custos que justifique qualquer preço, dentro do razoável, que uma empresa ache conveniente cobrar.

A teoria do empresário, em todo caso, evidentemente não deve ser tomada literalmente, pois, salvo algumas exceções, não apresenta nenhum entusiasmo em reduzir os preços quando os custos caem.

Tudo que a teoria ortodoxa nos diz é que, em condições de concorrência perfeita, os preços caem com os custos e que, em condições de oligopólio, eles provavelmente não caem. Acaso a teoria diz que seria uma coisa boa se as empresas agissem *como se* houvesse concorrência perfeita e baixassem os preços? Essa foi a opinião adotada (com certa hesitação) no terceiro relatório do Concílio Cohen.[14] Foi elogiada pelos comentaristas empresariais com alguma surpresa. Decerto o objetivo adequado da indústria é obter lucros? Pode haver casos em que uma redução do preço aumenta os lucros, e então é indicada, mas a doutrina de que os preços só devem baixar quando os custos caírem parecia muito esquisita. Um porta-voz da Federação das Indústrias Britânicas, comentando o Relatório, observa:

> Há ambiguidades na sua sugestão de que a indústria deva reduzir os preços. Uma coisa é reduzir os preços e, assim, expandir a

---

[14] Council on Prices, Productivity and Incomes, 1959.

demanda e a produção; outra é manter os preços abaixo do nível de mercado com o objetivo de refrear os lucros ou dividendos.[15]

Então, uma vez mais, há a questão da durabilidade das mercadorias à qual nos referimos. Suponhamos que um fabricante descobriu um modo, sem custo extra, de tornar os seus produtos mais duráveis. Ele deve adotar esse método a fim de beneficiar os clientes ou deve considerar o perigo de satisfazer as suas demandas e reduzir o mercado de substituições? Não seria conveniente aconselhá-lo a mobilizar os seus pesquisadores para encontrar um material menos durável, que pareça tão atraente quanto o outro e que não seja muito mais caro? Aqui a doutrina de que o mais lucrativo é a linha de conduta socialmente mais benéfica depara com um obstáculo estranho.

Então, uma vez mais, e a política de dividendos? A natureza humana tem uma forte propensão (que não foi explicada, talvez se encontre uma pista nos instintos dos animais que vivem em bando) a entender qualquer tipo de grupo do qual ele é membro, e a desenvolver patriotismo por ele. Nação, raça, igreja, cidade evocam lealdade. Marx não chegou a escrever o capítulo sobre classe. A lealdade de classe, no marxismo vulgar, é apresentada como uma forma de egoísmo, mas não é assim; muitas vezes ela exige o sacrifício do interesse imediato do indivíduo.

Essa tendência ao apego é a base do espírito e da moral regimental da escola pública. Ela também opera fortemente nas empresas; a principal causa que falseou a previsão de Adam Smith de

---

15 Reportagem em *The Times*, 7 ago. 1959.

que a empresa de ações conjuntas seria impossível[16] e a máxima de Marshall segundo a qual as empresas de responsabilidade limitada estagnam[17] é essa capacidade dos gerentes e conselhos administrativos de projetar o seu ego na organização à qual pertencem e de cuidar dela tanto quanto se fosse uma empresa familiar.

A entidade que evoca essa lealdade é a empresa como tal. Os acionistas (salvo os membros da fundação que são identificados com a empresa) são considerados mais ou menos em pé de igualdade com os credores, e é uma necessidade desagradável desfazer-se dos rendimentos da empresa para satisfazê-los.

A devoção à empresa como tal indica uma alta taxa de autofinanciamento, salvo no caso dos conselhos de empresas muito grandes que, de vez em quando, querem criar novas questões importantes. Eles pagam dividendos e procuram manter o preço de mercado das ações, não porque estão agindo no interesse dos acionistas, mas porque essa é a melhor forma de se levantar mais capital para a empresa que atendem.

Nessa questão de distribuição de lucros, qual é o comportamento adequado? Alguns economistas se opõem ao autofinanciamento porque ele prejudica a teoria marginal. O investimento vai aonde os lucros foram obtidos e os investimentos de uma produtividade marginal relativamente baixa podem ser tocados adiante por firmas antigas, ao passo que as novas com produtividade marginal muito alta não podem obter financiamento. Muito melhor, alegam eles, distribuir lucros e deixar todas as empresas irem ao

---

16 Smith, A. *Wealth of Nations*, v.I, p.229.
17 Marshall, A. *Principles*, p.316.

mercado. Mas do dinheiro que já foi pago, talvez 10% serão poupados e disponibilizados para o reinvestimento, ao passo que 100% dos lucros retidos são reinvestidos. A qualidade superior das finanças externas é grande o bastante para compensar uma diferença tão grande em quantidade?

A Gestão (pois Gestão com G maiúsculo também é uma entidade com ponto de vista próprio) é totalmente contra essa doutrina e considera o reinvestimento como a principal justificativa para os lucros. A ideia de que o motivo da indústria é a busca do lucro é ressentida como uma vil difamação. Muito pelo contrário: a indústria é o motivo da busca do lucro.

Em um manifesto agora esquecido assinado por 120 homens de negócios, que foi publicado durante a guerra, nós encontramos este credo estabelecido: a Indústria (com I maiúsculo)

> [...] tem uma responsabilidade pública tripla, pelo público que consome os seus produtos, pelo público que ela emprega e pelo público que fornece o capital com o qual opera e se desenvolve. [...] A responsabilidade daqueles que dirigem a Indústria é manter um equilíbrio justo entre os diversos interesses do público como consumidores, o pessoal e os trabalhadores como empregados e os acionistas como investidores, e fazer a maior contribuição possível para o bem-estar da nação como um todo.[18]

Isso soa pomposo e arrogante. Quem deu a esses sujeitos o direito de determinar a distribuição da renda nacional e que sabedoria sobre-humana eles afirmam que os orienta para distribuí-la

---

18 *A National Policy for Industry*, 1942.

corretamente? Contudo, há muita verdade na visão de que o poder de alocar recursos e distribuir renda foi de fato colocado nas mãos deles. À lista de interesses que eles têm de equilibrar deve-se acrescentar, em primeiro lugar, os conselhos administrativos e, em segundo, de modo vago e mais difuso, a solidariedade com os colegas de uma indústria que hoje em dia tanto ameniza o limite da concorrência, e a solidariedade com a Indústria como tal, ou seja, com a classe a que eles pertencem. Mas a generosidade não é um mero golpe publicitário para recomendar a sua classe a todos nós. Há um grande elemento no patriotismo que une um gerente à sua empresa, de um desejo de uma boa reputação e uma boa consciência. Mesmo quando é hipócrita, a hipocrisia – a homenagem que o vício presta à virtude – é muito preferível ao cinismo. O capitalista moderno dificilmente é reconhecível no retrato de Marx do explorador implacável a espremer cada gota de excedente do suor dos trabalhadores.

Keynes, em um de seus estados de espírito otimistas, falou na tendência das grandes empresas de se socializarem.[19] Atualmente, a Administração (do tipo com A maiúsculo) gosta de se ver como uma espécie de serviço público.

Tudo isso tem sido muito prejudicado ultimamente por um violento retrocesso do capitalismo antiquado com fins lucrativos. A ficção jurídica segundo a qual as empresas pertencem aos seus acionistas foi assumida para bater na cabeça da Gestão cavalheiresca e nobre. Uma vez mais, alguns economistas apegados à velha ortodoxia dão as boas-vindas ao licitante alegando que o que é lucrativo

---

19 Keynes, J. M. *Essays in Persuasion*, p. 314.

deve ser correto, concedendo aos lucros das manipulações financeiras o halo que outrora pertenceu à "recompensa da Empresa". Aqueles que sustentam que o propósito adequado da indústria é pagar dividendos devem acolher a pressão exercida sobre os conselhos administrativos para oferecer propinas aos seus acionistas.

De que lado devemos ficar? O espírito público cavalheiresco da Gestão é muitas vezes um disfarce para o descanso cavalheiresco e os fins de semana prolongados? A exaltação do acionista tornará os administradores cínicos e os sindicatos agressivos, e nos confrontará com perguntas contundentes que foram abafadas na confortável mente confusa do Estado de Bem-Estar?

Outra questão em que a ortodoxia nos levou a uma grande confusão é o monopólio. No esquema ortodoxo, o monopólio geralmente é uma Coisa Ruim. O professor Knight é conhecido por atacar as leis antitruste dos Estados Unidos como uma interferência ilegítima na liberdade do indivíduo, mas para a maioria dos economistas, a concorrência é absolutamente essencial à justificação do *laissez-faire*; é a concorrência que iguala as margens, distribui recursos de modo a maximizar a utilidade e, geralmente, faz com que todo o esquema funcione.

Mas a concorrência, certamente, é a principal causa do monopólio? Como baixar os preços, expandir os mercados, vender mais barato que os rivais pode ser uma Coisa Boa, mas a empresa que conseguir superar essas dificuldades e continuar dominando o campo ser um monopolista perverso? A objeção a práticas restritivas, e a principal justificativa para a atual campanha contra elas, é o fato de restringirem a concorrência e manterem os produtores ineficientes em operação. Se a campanha for bem-sucedida, a concorrência, expulsando os ineficientes, criará mais monopólios. É isso que nós queremos? E, se a resposta for não, o que *realmente* queremos? Quais são as regras do jogo?

5

TALVEZ TUDO ISSO PAREÇA NEGATIVO E DESTRUTIVO. Para alguns, talvez, até recomende as velhas doutrinas, já que não oferece "coisa melhor" aonde ir. O argumento deste ensaio é precisamente que não há "coisa melhor".

O problema moral é um conflito que não pode ser resolvido. A vida social sempre apresentará à humanidade uma escolha de males. Nenhuma solução metafísica que possa ser formulada parecerá satisfatória durante muito tempo. As soluções oferecidas pelos economistas não eram menos ilusórias que a dos teólogos que eles substituíram.

Mesmo assim, nós não devemos abandonar a esperança de que a economia avance rumo à ciência, ou a fé em que o iluminismo não é inútil. É necessário tirar do caminho os restos decadentes da metafísica obsoleta para que possamos avançar. O primeiro elemento essencial para os economistas, discutindo entre si, é "tentar muito seriamente", como o professor Popper diz que os cientistas naturais fazem "para evitar falar de propósitos opostos" e, dirigindo-se ao mundo, lendo suas próprias doutrinas corretamente, combater – não fomentar – a ideologia que pretende que os valores que podem ser medidos em termos monetários são os únicos que devem ser considerados.

Índice remissivo

acionistas, *184*
acumulação, *65-6*, *72*
ajuda externa, *168*
Aristóteles: *eudaimonia*, *33*
Ayres, C. E., *154*, *157*

Baran, *136*
barganha, *194*
Bentham, *123*
Beveridge, *133*; *Full Employment in a Free Society [Pleno emprego em uma sociedade livre]*, *135*
Bickerdike, *98*, *125*, *128*
Böhm-Bawerk, *67-8*
bolsa de valores, *43*
Braithwaite, R. B., *32*
Burke, *123*

capital: utilidade; *91*; valor, *60*
capitalismo industrial, *154-5*

capitalismo; *63-4*; acumulação, *64-5*; taxas de salário real, *65*
Clapham, *105-6*
clássicos valor *ver* valor
comportamento do mercado, *80-1*
comunidade, *156*
conceito de equilíbrio, *188-9*; Revolução Keynesiana, *117-24*; utilidade, *107-8*
conceito de Preço Justo, *54*, *76*
consciência, *29*
consumo, *164*
cooperativa, produção, *75*
custo, *60*

definições lógicas, *20*
desejos, *78*
desejos, *79*
desemprego, *167*
desenvolvimento de longo prazo: demanda de capital, 145-6; finanças,

150; investimento autônomo, *150*; limitação de recursos naturais, *142*; posições de equilíbrio, *144-5* desenvolvimento e subdesenvolvimento: capitalismo industrial, *154*; comunidade, *156*; desenvolvimento de longo prazo (*ver* desenvolvimento de longo prazo) economias agrícolas; *142*; economias industriais, *141*; escolha de técnica, *170*; invenções revolucionárias, *163-6*; países subdesenvolvidos, *167-70*; problema demográfico, *161*; progresso técnico, *147-53*; religião, *155*; revolução industrial, *156-7*; revoluções técnicas, *157*

Devlin, *178*

Domar, *148*

doutrina neoclássica, *95, 97, 147, 174*

Economia política [Political economy], *75*

economia socialista, *73*

economias agrícolas, *142*

economias industriais, *141-2, 192-201*; concorrência imperfeita, *193*; negociação (barganha), *193*; política de dividendo, 196; preços, *194-5*; sindicatos, *192-3*

Edgworth, *98, 102, 174, 190*

eficiência marginal, *150*

emoção altruísta, *24*

escolha de técnica: poupador de capital, *170-1*; técnica de uso de menos capital, *170-1*

Fábula das Abelhas, *36*

Fel'dman, *148*

finança, *150*

força de trabalho doméstica, *169*

força de trabalho, *64, 72*

Freud, *19*

Galbraith, *185, 193*

George, L., *186*

gestão, *198, 199*

Harberler, *191*

Harrod, *147, 152, 162*

hierarquia científica, *32-3*

honestidade, *25*

Hood, R., *25*

ideologia, *23*; proposição, *21-2*; ciência *vs.*, *20*

Indústria e comércio: um estudo de técnica industrial e organização empresarial [Industry and Trade: A Study of Industrial Technique and Business Organization], *107*

ideologia econômica: escolha de técnica, *170-1*; bolsa de valores, *43*; homem de negócios, *42*; luxo, *37-9*; riqueza, *39*

indústrias domésticas, *98*

indústrias incipientes, *98*

invenções revolucionárias,*163-4*; consumo, *164-5*; investimento, *164*; necessidades culturais, *166*; poupança, *164*

invenções, *113-14*

investimento público, *187*
investimento, *124-5*, *164*, *184-8*; autônomo, *150*; esquemas, *167-8*

Jevons, S., *78-82*, *92*, *101*, *105*
Johnson, H. G., *26-7*, *36*, *38*, *178*

Kalecki, *134*, *150*
Keynes, J. M., *32*, *37*, *42*, *48*, *141*, *183*, *186*; *O fim do laissez-faire* [*The End of Laissez-faire*], *123-4*; *Teoria geral* [*General Theory*], *109*, *112-16*, *122-4*, *128*, *134*, *139*, *149*, *167*; *Como pagar a guerra* [*How to Pay for the War*], *113*; revolução keynesiana (*vier* revolução keynesiana)
Khan, G., *177*
Knight, *200*

laissez-faire, *84*, *87*, *96*, *107*, *111*, *122*, *125*, *136*, *177*, *179*, *186*, *190*, *191*, *200*
Lerner, A., *99*
liquidez, *128*
Little, *104*
livre-cambista, *125-6*
livre-comércio, *96*, *174-5*, *179*; concorrência universal perfeita, *98*; Revolução Keynesiana, *96*; Reino Unido, *128-9*; ruptura no, *99*; utilidade, *95-6*
lucro, *93-4*; utilidade, *96*

Mahalanobis, *148*
Malthus, *60*, *159*
Mandeville, *37-42*, *86*, *112*

Marshall, A., *60*, *78*, *81*, *83-6*, *92-3*, *100*, *101*, *107*, *109*, *111*, *116-21*, *128*, *131*, *145*, *177*, *182*, *190*, *197*; *Princípios*, *188*
Marx, *19*, *60*, *64-9*, *114*, *136*, *143*, *151-1*, *165*, *191*, *196*, *199*
marxismo, *66*, *70*, *161*, *174*, *196*
matemática, *101-7*
matemáticos, *47-8*
matemáticos, *47-8*; objetividade da ciência, *46*; ciências sociais, *46-7*
Meade, J. E., *175*
menos capital, técnica de uso de, *170-1*
método científico, *44-5*
Mill, *33 Fortnight Review* de 1879, *87*
modelos de ciclo comercial, *150*
monopólio, *200*
Moore, *32*
moralidade, necessidade biológica de, *23*; com base física, *28*; *Hamlet*, *34-5*; por meio da religião, *29-32*; vesga, *42*
motivações financeiras, *42*
Myrdal, G., *35*, *82*, *174*

nacionalismo, *173-4*

países subdesenvolvidos: demanda efetiva, *167*; ajuda externa, *168-9*; esquemas de investimento, *168*; desemprego, *167*; força de trabalho doméstico, *169*; inflação, *167-8*;
Pareto, *105*
patriotismo nacional, *177-8*
patriotismo, *177-8*

Pigou, *86, 95, 107, 111, 117-19, 190*; Economia do bem-estar [*Economics of Welfare*], *111*
pleno emprego, *129*
política de dividendo, *196*
política econômica, *96-101*
Popper, K, *22, 46, 47, 129, 201*
post hoc ergo propter hoc, *64*
poupanças, *164*
preços relativos, *51, 62, 75*
preferência, *80, 81*
Princípios de economia [*Principles of economies*], *78*
princípios igualitários, *84*
problema populacional, *161-2*
produção socialista, *75*
progresso técnico, *147-8*; acumulação, *152*; demanda excessiva de mão de obra, *152*; economia de empresa privada, *149-50*; fórmula de crescimento constante, *148*; taxa de acumulação, *149*; taxa de investimento, *150*
proposição metafísica, *21*

ranking, *176*
religião, *29-32, 155*
renda nacional, *73-4, 181, 198*
Restauração Meiji em 1867 no Japão, *154*
Revolução Industrial, *156-7*
Revolução Industrial para a humilhação da Inglaterra, *154*
Revolução Keynesiana, *109-10, 179*; conceito de equilíbrio, *116-23*; desemprego involuntário, *131*; desutilidade marginal, *131-2*; equilíbrio de longo prazo, *119-20*; sistema capitalista, *110*; teoria econômica, *112-13*; e desempregado registrado, *133*; desemprego, *127-35*; desemprego voluntário, *131*; emprego, *129*; Livre-Comércio, *125-7*; pleno emprego, *129, 133-7*; imprecisão, *129*; invenções, *114*; *112*; invenções técnicas, *14*; liquidez, *128*; metafísica, *128-9*; problema moral, *111-12*; poupanças e investimento, *124-5*; questões de curto prazo, *115-16*; sistema licencioso, questões de longo prazo, *115*; utilidade marginal, *131-2*; vagas não ocupadas, *133-4*;
revoluções técnicas, *157*
Ricardo, D., *57-61, 62, 64, 82, 96, 101, 117, 142*
Robertson, D., *115, 121*
Robinson Crusoe, *82, 114*
Rodbertus, *60*
Rostow, W. W., *154*
Rothbarth, E., *113*

Schumpeter, *42, 70, 101*; *História da análise econômica* [*History of Economic Analysis*], *92*
Shakespeare, *34, 113*
Shove, G., *63, 116*
Sidgwick, *97, 103*
sindicatos, *192*
sistema ético, *33*
Smith A., *24, 36, 40, 47, 48, 52, 55, 56, 59, 61, 64, 68, 76, 82-5, 96, 100,*

FILOSOFIA ECONÔMICA 207

112, 163, 196; *A riqueza das nações [Wealth of Nations]*, *85*
socialismo, *70*, *87-8*, *166*
Sraffa, P., *58-9*
Stalin, *166*
subdesenvolvimento *ver* desenvolvimento e subdesenvolvimento
técnica poupadora de capital, *168*; técnica de uso do capital, *170*

teoria de Sombart, *154*
teoria de Weber da influência econômica do protestantismo, *154*
teoria do curto prazo, *141*; investimento, *145*
teoria do trabalho, *61-2*
teoria do valor-trabalho, *62*
teoria dos salários reais, *74*
Teoria geral, *109*, *112-16*, *128*, *134*, *139*, *149*, *167*
Teoria Quantitativa da Moeda, *136*, *140*
teoria simplória, *68*
trabalho abstrato, *54*, *72*, *139*
trabalho concreto, *54*
Tromp, V., *154*

utilidade marginal, *78*, *131-4*, *182*
utilidade neoclássica *ver* utilidade
utilidade quantitativa, *103-4*
utilidade total, *182*
utilidade, *174*, *182*; bens, *181*; bem social, *88-9*; capital, *91*; comportamento de mercado, *80-1*; conceito de equilíbrio, *108*; conceitos metafísicos, *104*; descrita,

77; desejo, *78-9*; desigualdade, *89*; dimensões, *102*; fatores de produção, *92-3*; economia política, *96-101*; equilíbrio estacionário, *95-6*; indústrias domésticas, *98*; importações e exportações, *97*; lei de distribuição, *105*; livre-comércio, *96*; livre-concorrência, *86*; marginal (*ver* utilidade marginal); matemática, *101-7*; desejo, *78-9*; lucro, *93-4*; preferência, *80-1*; produtos líquidos privados e sociais, *86*; pseudomatemática, *103*; quantitativo, *103-4*; programa revolucionário, *83*; renda, *83-4*; satisfação, *78-9*; socialismo, *87-8*; utilidade total, *182*;

valor: absoluto, *58*; capital, *61*; capitalismo (*ver* capitalismo); custo e, *60*; lei do valor, *78*; medida do, *58-61*; mercadorias agrícolas, *76*; preço normal, *54*; produção anual, *73*; produção socialista e cooperativa, *75*; produto do trabalho, *63*; significado, *51*; teoria do trabalho, *62-3*; teoria dos salários reais, *74*; trabalho abstrato, *54*, *72*; trabalho concreto, *54*; trabalho produtivo *vs* improdutivo, *70-1*; troca, *52-4*;
vida social, *26*
Viner, J. *Nation and Athenaeum*, *99*
votação, *31*

Walras, L., *86*, *92*, *188*
Wicksell, *83*, *86*, *92*, *190*

SOBRE O LIVRO

FORMATO 14 x 21 cm
MANCHA 24,7 x 45,8 paicas
TIPOLOGIA Adobe Garamond Pro 12/18
PAPEL Off-white 80 g/m² (miolo)
Cartão Supremo 250 g/m² (capa)

1ª EDIÇÃO EDITORA UNESP 2022

EQUIPE DE REALIZAÇÃO

COORDENAÇÃO EDITORIAL
Marcos Keith Takahashi

EDIÇÃO DE TEXTO
Gabriela Garcia
Nelson Barbosa

PROJETO GRÁFICO E CAPA
Quadratim

EDITORAÇÃO ELETRÔNICA
Arte Final